ars vivendi

Gessn wiad dahoam

Das Kochbuch bayerischer Landfrauen und Landmänner

ars vivendi

Der Verlag ließ bei der Erstellung dieses Buches größtmögliche Sorgfalt walten, für dennoch vorhandene Fehler kann keine Haftung übernommen werden. Anregungen und Kritik sind herzlich willkommen.

Die Rezepte auf den Seiten 11 (unten), 23 (unten), 29 (unten), 102 (unten), 103 (unten), 105, 106, 149 (unten), 170 (unten) stammen aus *Geassa wiard dahoim, Das Kochbuch Allgäuer Landfrauen*, © 2011 by ars vivendi verlag, Cadolzburg
Die Rezepte auf den Seiten 24, 28, 45 (unten), 56, 72 (unten), 77, 89, 97 (unten), 102 (oben), 125 (unten), 140 (oben) stammen aus *Gessn werd derhamm, Das Kochbuch fränkischer Landfrauen*, © 1999, 2013 by ars vivendi verlag, Cadolzburg
Die Rezepte auf den Seiten 23 (oben), 27 (unten), 29 (oben), 75 (unten), 166 stammen aus *Gessn werd imma nu derhamm, Das zweite Kochbuch fränkischer Landfrauen und Landmänner*, © 2018 by ars vivendi verlag, Cadolzburg

Originalausgabe
1. Auflage 2019
© 2019 by ars vivendi verlag
GmbH & Co. KG, Bauhof 1, 90556 Cadolzburg
Alle Rechte vorbehalten
www.arsvivendi.com

Lektorat: ars vivendi
Typografie und Ausstattung: Christine Richert und ars vivendi
Illustrationen: Bettina Schary
Printed in the EU

ISBN 978-3-86913-846-6

Inhalt

Hinweise

Löffelmaßangaben: Falls nicht anders angeführt, sind stets gestrichene Löffel gemeint. EL und TL sind Abkürzungen für Esslöffel und Teelöffel.

Eier: Kaufen Sie Eier in Bio-Qualität. Rohe oder halb rohe Eier sollten nicht von sehr alten oder geschwächten Menschen, kleinen Kindern, Schwangeren oder immungeschwächten Personen verzehrt werden.

Stäbchenprobe: Gegen Ende der Backzeit kann mit einem Holzspieß geprüft werden, ob der Kuchen gar ist. Dazu den Spieß in die Mitte des Kuchens stechen, haftet beim Herausziehen kein Teig mehr an dem Spieß, ist der Kuchen fertig.

Zitrusfrüchte: Bei der Verwendung ihrer Schalen auf Bio-Früchte zurückgreifen und diese zuvor heiß waschen. Zitrussaft sollte immer frisch gepresst sein.

Sterilisierte Einmachgläser verwenden.

Hygiene: Achten Sie bei der Zubereitung von rohem Fleisch, Fisch und Geflügel auf peinliche Hygiene. Waschen Sie benutzte Schneidebretter, Messer, Arbeitsflächen und Ihre Hände nach Gebrauch sorgfältig heiß ab. Fleisch und Gemüse nie auf demselben Schneidebrett verarbeiten.

Fleisch sollte vor der Zubereitung immer gut trocken getupft werden.

Obst und Gemüse vor der Verarbeitung immer waschen, putzen oder bei Bedarf schälen.

Außergewöhnliche Zutaten können meistens in den zugehörigen Läden gekauft werden. Diese sind im Informationsverzeichnis unter dem Namen des Rezeptautors geführt.

Grundsätzlich wird bei allen Zutaten empfohlen, auf Bio-Qualität zu achten.

Vorwort

Bayern ist berühmt für seine ausgeprägte Bierkultur und hat sich weltweit durch das Oktoberfest einen Namen gemacht. Doch es hat noch sehr viel mehr zu bieten: Traumhafte Landschaften, die von romantischen Schlössern und Wäldern durchzogen sind, Wiesen und Äcker, die sich bis an die Alpen erstrecken und auf denen die Grundzutaten für unsere beliebten Hopfen- und Malzgetränke, aber auch für Brot, Nudeln, Knödel und Ausgezogene gedeihen. Dazwischen grasen Rinder, deren Milch- und Fleischerzeugnisse einen essenziellen Bestandteil der bayerischen Küche darstellen. Zahlreiche unterschiedliche Regionen und sieben verschiedene Regierungsbezirke machen Bayern zudem äußerst vielseitig und sorgen für eine bunte Mischung regionaler Köstlichkeiten.

Allgäuer Spezialitäten wurden bereits im Rezeptbüchlein *Geassa wiard dahoim* gesammelt, fränkische Leckerbissen in den inzwischen zwei Bänden *Gessn werd derhamm* und *Gessn werd imma nu derhamm*.

Nun gibt es endlich auch für ganz Bayern das *Gessn wiad dahoam*, in dem – oftmals von vielen Familiengenerationen erprobte – traditionelle Rezepte zusammengestellt sind, aber auch ausgefallene und moderne.

Lassen Sie sich inspirieren von Omas Kartoffel-Keichla, Bayerischen Semmelknödeln, Beinwellschnitzel und sauerer Lunge, aber auch von geschmortem Rindsgulasch, Bierpfandl, Peperonata aus dem Ofen, Kartoffelrösti, Quarknockerln, Kerscheplotzer, Apfel-Kräuter-Limonade und vielen Köstlichkeiten mehr!

Vielen herzlichen Dank an alle bayerischen Landfrauen und Landmänner, die ihre persönlichen Koch- und Back-Rezepte zu diesem Buch beisteuerten. Allen Leserinnen und Lesern wünschen wir beim Nachkochen und -backen jetzt schon mal »an Guadn!«

Ihr ars vivendi verlag

Brotzeit
&
Vorspeisen

Gefüllte Pfeffergurken

Für 4–6 Personen:

2 Eier
4 große Gewürzgurken
Pfeffer aus der Mühle
100 g Schinkenwurst
1 Rettich
1 Camembert
3 EL Mayonnaise
Salz
1 EL Essig

Die Eier in sprudelndem Wasser ca. 10 Minuten hart kochen, anschließend pellen. Gurken längs halbieren, mit einem Löffel aushöhlen und rundum pfeffern. Die Schinkenwurst in sehr feine Scheiben schneiden. Den Rettich putzen und klein würfeln, ebenso die gekochten Eier und den Camembert. Das Gurkeninnere fein hacken und zusammen mit Wurst, Eiern und Rettich mit Mayo, Pfeffer, Salz sowie Essig in einer Schüssel zu einer Füllmasse verarbeiten. Den Camembert zum Schluss untermischen. Die Füllung einige Zeit durchziehen lassen, dann in die Gewürzgurkenhälften füllen und servieren.

Tatjana Miers, Rosenheim

Süße Blütenbrote

Für 4 Brote:

4 Scheiben Mischbrot
40 g Butter
4 EL Honig
1 Handvoll verschiedene
   Blüten (z. B. Klee,
   Ringelblume, Rose,
   Salbei, Lavendel,
   Holunder)

Die Brote mit Butter bestreichen und mit Honig beträufeln. Rotklee- oder Ringelblumenblüten auszupfen, Holunderblüten von den Dolden abstreifen, Rosenblüten klein schneiden. Blüten auf die Honigbrote streuen und servieren.

Gisela Hafemeyer, Gisela's Kräuterstadl, Andechs

Tomateneckerl

Für 5–6 Personen:

4 Tomaten
1 Pck. Blätterteig (aus
  dem Kühlregal)
Salz und Pfeffer aus der
  Mühle
1 Bund Wildkräuter (z. B.
  Giersch, Schafgarbe,
  Spitzwegerich,
  Brennnessel, Goldrute)
1 Knoblauchzehe
100–150 ml Olivenöl

Den Backofen auf 180 °C (Ober-/Unterhitze) vorheizen. Die Tomaten waschen und in Scheiben schneiden, dabei den Stielansatz entfernen. Den Blätterteig ausrollen und entsprechend der Größe der Tomatenscheiben in Quadrate schneiden. Ein Backblech mit Backpapier auslegen, die Teigquadrate darauf verteilen und mit je 1 Tomatenscheibe belegen. Alles leicht salzen und pfeffern. Im Ofen 10–15 Minuten kross backen.

In der Zwischenzeit die Wildkräuter waschen, trocken tupfen und grob hacken. Den Knoblauch schälen und durch die Knoblauchpresse drücken. Zusammen mit Kräutern und Öl zu einer Art Pesto verrühren und auf die noch heißen Tomateneckerl träufeln.

Christine Huber, Kräuteria am Kreuthof, Puchheim

Allgäuer Voressen

Für 4–5 Personen:

2 EL Schweineschmalz
  oder Margarine
100 g Mehl
1 l Wasser oder
  Fleischbrühe
5–10 Wacholderbeeren
3 Lorbeerblätter
Essig
Salz, Zucker
250 g Kutteln, gekocht
  und geschnitten

Schmalz oder Margarine im Topf erhitzen, mit Mehl bestäuben und unter ständigem Rühren dunkel anbräunen. Mit Wasser oder Fleischbrühe aufgießen. Wacholderbeeren und Lorbeerblätter dazugeben und etwa 20 Minuten köcheln lassen, danach die Lorbeerblätter und Wacholderbeeren abpassieren. Mit Essig, Salz und Zucker abschmecken. Die Kutteln dazugeben und etwa 10 Minuten ziehen lassen.

Tipp: Dazu passen am besten Semmelknödel (s. S. 35) oder einfach Weißbrot.

Ursula Endres, Bad Grönenbach

Zucchiniröllchen mit (Un-)Kräuterfrischkäse

Für 4 Personen:

1 kleine Zucchini
Salz

Für den Kräuterfrischkäse:
½ Karotte
1 Frühlingszwiebel
1 Handvoll Unkraut (z. B.
  Giersch, Löwenzahn,
  Spitzwegerich, Labkraut)
150–200 g Frischkäse
Salz und Pfeffer aus der
  Mühle
1 TL Zitronensaft

Zahnstocher

Die Zucchini waschen, den Strunk entfernen und mit einer Aufschnittmaschine oder einem Schäler der Länge nach in 2–3 mm dünne Scheiben schneiden. Kurz in kochendem Salzwasser blanchieren, dann kalt abbrausen.

Für den Kräuterfrischkäse die Karotte schälen und fein in eine Schüssel raspeln. Die Frühlingszwiebel waschen, putzen, in dünne Ringe schneiden und zugeben. Die Kräuter waschen, trocken tupfen, klein hacken und ebenfalls zufügen. Frischkäse und Zitronensaft untermischen, alles gut salzen und pfeffern, dann mit einem Stabmixer pürieren. Jeweils einen Klecks der Masse auf die Zucchinischeiben geben, aufrollen und mit einem Holzspieß fixieren.

Tipp: Auf einer Platte, die mit Gierschblättern ausgelegt ist, wirken die Röllchen besonders ansprechend.

Brigitte Zinsmeister, Kräutertreff. Schönfeld

Carpaccio von zweierlei fränkischem Presssack

Für 4–6 Personen:

200 g roter Presssack
200 g weißer Presssack
  (ersatzweise Thüringer
  Rotwurst und Sülze)
Rosenpfeffer aus der
  Mühle
100 g Rosen-Apfel-
  Chutney
Rosenessig
Rapsöl
4 Frühlingszwiebeln
Blattsalat zum Garnieren

Roten und weißen Presssack jeweils in dünne Streifen schneiden. Die Scheibchen abwechselnd gefächert auf einen Teller legen. Mit Rosenpfeffer würzen, Rosen-Apfel-Chutney dünn aufstreichen und mit Rosenessig besprenkeln. Etwas Rapsöl darüberträufeln. Die Frühlingszwiebeln waschen, putzen, in feine Röllchen schneiden und das Carpaccio damit bestreuen. Mit buntem Salat garnieren.

Tipp: Dazu passt in Olivenöl geröstetes Ciabatta-Brot.

Petra Bergler-Fischer, Die Delikatessen-Manufaktur, Schwarzenfeld

Dressings
&
Salate

Balsamico-Dressing

Für 1 Salat:

5 EL Olivenöl
2 EL Balsamicoessig
2 TL mittelscharfer Senf
1 TL Kräuter der Provence
Salz und Pfeffer aus der
    Mühle
1 EL Gemüsebrühe (nach
    Belieben)

Öl und Essig mit Senf in einem verschließbaren Behälter mischen. Kräuter der Provence zugeben und mit Salz und Pfeffer würzen. Den Deckel schließen und gut schütteln, bis alle Zutaten vermischt sind. Nach Belieben das Dressing mit etwas Gemüsebrühe strecken.

Ewa-Lotta Schlegl, Lauf

Honig-Senf-Dressing

Für 1 Salat:

5 EL Olivenöl
3 EL Kräuteressig
2 TL mittelscharfer Senf
2 TL Honig
½ Knoblauchzehe oder
    ½ TL Knoblauchgranulat
Salz und Pfeffer aus der
    Mühle

Öl und Essig mit Senf und Honig in einem verschließbaren Behälter mischen. Die Knoblauchzehe schälen, durch eine Knoblauchpresse treiben und dazugeben. Mit Salz und Pfeffer würzen, den Deckel schließen und gut schütteln, bis sich alle Zutaten zu einem homogenen Dressing vermischt haben.

Ewa-Lotta Schlegl, Lauf

Joghurt-Dressing

Für 1 Salat:

250 g Naturjoghurt
2 EL Rapsöl
1 EL Balsamicoessig
Saft von ½ Zitrone oder
    Limette
Kräutersalz
Pfeffer aus der Mühle
½ Bund Schnittlauch (oder
    Petersilie)

Joghurt mit Öl und Essig in einem Schälchen vermengen. Den Zitrussaft zugeben und mit Kräutersalz und Pfeffer kräftig würzen. Den Schnittlauch waschen, trocken tupfen, in feine Röllchen schneiden und das Dressing nach Belieben damit verfeinern.

Ewa-Lotta Schlegl, Lauf

Spargelspitzen auf Baguette mit Hopfen-Secco-Marinade und Salat

Für 4–6 Personen:

500 g Spargelspitzen
1 Prise Salz
½ TL Zucker
1 Spritzer Zitronensaft
Butter zum Rösten
1 Baguette
etwas Olivenöl
Balsamico-Creme

Für die Hopfen-Secco-Marinade:
30 g Butter
50 g Crème fraîche
50 ml Hopfen-Secco
Salz
100 g Bärlauch

Für den Salat:
Essig
Zucker
Salz
ca. 500 g Feldsalat

Die Spargelspitzen schälen und in kochendem Salzwasser mit Zucker und etwas Zitronensaft ca. 15 Minuten garen, anschließend abtropfen lassen.

Für die Marinade die Butter in einer Pfanne zerlassen, Crème fraîche unterrühren und mit Hopfen-Secco ablöschen. Mit Salz abschmecken. Den Bärlauch waschen, trocken tupfen und klein schneiden. Ein wenig für den Salat beiseitestellen, den Rest unterheben.

Aus Essig, Zucker und Salz (Mengen nach Belieben) eine Marinade herstellen. Den Feldsalat waschen, trocken schütteln und mit dem übrigen Bärlauch kurz in der Marinade wenden, nach Belieben die Spargelspitzen ebenfalls hinzugeben. Anschließend abtropfen lassen.

Etwas Butter in einer Pfanne zerlassen, das Baguette in 1 cm dicke Scheiben schneiden und leicht anrösten. Auf jede Scheibe etwas Feldsalat geben und die Spargelspitzen darauf drapieren. Vorsichtig etwas Marinade und Öl darüberträufeln und mit der Balsamico-Creme verzieren.

Tipp: Die Spargelspitzen können auch mit gekochtem Schinken umhüllt werden.

Hildegard Heindl, Holled'Auer Hopfen-Secco Manufaktur, Au in der Hallertau

Spargel-Erdbeer-Salat

Für 2–4 Personen:

750 g grüner Spargel
250 g Erdbeeren
50 g Rucola

Für das Dressing:
50 ml weißer
    Balsamicoessig
20 g Rohrohrzucker
1 EL Olivenöl
½ TL italienische
    Gewürzmischung
Salz und Pfeffer aus der
    Mühle

Dampfgarer

Den Spargel putzen, in Stücke schneiden und mit Wasser im Dampfgarer ca. 8 Minuten dämpfen. Die Erdbeeren putzen, den Stielansatz entfernen und bei Bedarf in mundgerechte Stücke schneiden. Den Rucola waschen und abtropfen lassen.

Für das Dressing den Essig in einem Topf erhitzen. Den Zucker in einer Pfanne karamellisieren und mit dem heißen Essig und 50 ml heißem Wasser ablöschen, dann ca. 5 Minuten einköcheln lassen. Vom Herd nehmen und Öl sowie Gewürzmischung unterrühren. Mit Salz und Pfeffer abschmecken.

Rucola, Spargel und Erdbeeren gleichmäßig auf Teller verteilen, das Dressing darüberträufeln und kurz durchziehen lassen, dann servieren.

Tipp: Den Spargel-Erdbeer-Salat mit Ciabatta oder selbstgemachtem Gierschbaguette (S. 49), Wildkräuterbrötchen (S. 49) oder Knoblauchsemmeln (S. 50) servieren.

Christine Lecker, Biohof Lecker, Laufen

Blattsalat mit Mango und Schafskäse

Für 4 Personen:

250 g grüne Blattsalate
   (z. B. Rucola, Feldsalat)
1 Mango
100 g Schafskäse
1 Ei
50 g gemahlene
   Haselnüsse
etwas Öl oder Butter zum
   Braten

Für das Dressing:
2 EL Essig (z. B. Himbeeressig)
4 EL Haselnussöl
1 TL Salatkräuter (nach
   Belieben)
1 TL Senf (z. B.
   Estragonsenf)
Salz und Pfeffer aus der Mühle

Die welken Blätter vom Blattsalat entfernen, die restlichen waschen, trocken schütteln und in Stücke pflücken, dann auf vier Tellern verteilen. Die Mango schälen, in Streifen vom Stein schneiden und zum Salat geben. Den Schafskäse grob würfeln. Das Ei in einer Schüssel verquirlen, die Schafskäsewürfel darin eintauchen und in den gemahlenen Haselnüssen wenden. Öl in einer Pfanne erhitzen und den panierten Käse bei geringer Hitze anbraten, bis die Haselnüsse etwas Farbe angenommen haben, dann über den Salat streuen.

Für das Dressing alle Zutaten mischen, abschmecken und vor dem Servieren über den Salat träufeln.

Josef Neumeier, Haselnusshof Neumeier, Rudelzhausen

Käsesalat mit Birnen und Haselnüssen

Für 4 Personen:

1 kleiner Salatkopf
2 reife Birnen
400 g Tilsiter Käse
2 EL Zitronensaft
50 g Haselnüsskerne

Für das Dressing:
4 EL Weißwein
1 EL weißer
   Balsamicoessig
1 EL Dijonsenf
2 EL Mayonnaise
4 EL Crème fraîche
etwas Salz und Pfeffer aus
   der Mühle
1 Bund Schnittlauch

Die welken Blätter vom Salat entfernen, die übrigen waschen, trocken schütteln, in Stücke zupfen und beiseitestellen. Die Birnen schälen, vierteln und das Kerngehäuse entfernen. Den Käse entrinden und zusammen mit den Birnen in Streifen schneiden. Die Birnenschnitze mit Zitronensaft in einem Schälchen mischen. Die Haselnüsse in einer Pfanne langsam ohne Fett anrösten, auf ein Tuch geben und die Häutchen abreiben.

Aus Wein, Essig, Senf, Mayonnaise, Crème fraîche, Salz und Pfeffer ein sämiges Dressing zubereiten. Den Schnittlauch waschen, trocken tupfen und in Röllchen schneiden, dann hinzugeben. Käse und Birnen sorgfältig mit dem Dressing vermischen. Den Blattsalat auf Teller geben, den Käse-Birnen-Salat darauf anrichten und mit den Haselnüssen bestreuen.

Josef Neumeier, Haselnusshof Neumeier, Rudelzhausen

Gemischter Salat
mit Putenschnitzel im Haselnusskleid

Für 2 Personen:

150 g Salate nach Wahl
(Lollo Rosso, Lollo
Bianco, Feldsalat,
Radicchio)
Fett zum Ausbacken
etwas Mehl
100 g gemahlene
Haselnüsse
1 Ei
2 Putenschnitzel
1 Apfel
3 Erdbeeren
2 Kiwis
2 Scheiben Toast

Den Salat von welken Blättern befreien, waschen und abtropfen lassen. Etwas Fett in einer Pfanne erhitzen. Mehl und Haselnüsse auf separaten Tellern bereitstellen, das Ei auf einem weiteren Teller verquirlen. Die Putenschnitzel erst im Mehl, danach im Ei wenden und anschließend mit den Haselnüssen panieren. Die Schnitzel im heißen Fett goldbraun braten und beiseitestellen.

Apfel sowie Erdbeeren waschen und das Kerngehäuse bzw. den Stielansatz entfernen. Die Kiwis schälen und in Scheiben schneiden. Eine Apfelhälfte ebenfalls in Scheiben, die andere in Würfel schneiden. Die Erdbeeren vierteln. Das Toastbrot in kleine Stücke zerteilen und mit den Apfelwürfeln zusammen in der Pfanne rösten. Den Salat auf Tellern anrichten, ein Dressing nach Wahl (S. 14) darüberträufeln und das Obst ringsherum verteilen. Die Putenschnitzel auf dem Salat anrichten und mit Toast- und Apfelcroûtons garnieren.

Josef Neumeier, Haselnusshof Neumeier, Rudelzhausen

Feldsalat mit Hähnchen und karamellisiertem Rhabarber

Für 4 Personen:

200 g Feldsalat
15 g Butter
400 g Hähnchenbrustfilet
Salz und Pfeffer aus der
  Mühle
400 g Rhabarber
2 Bund Frühlingszwiebeln
75 g Walnusskerne
3 EL Zucker
50 ml schwarzer
  Johannisbeersaft

Für das Dressing:
3 EL weißer
  Balsamicoessig
3 EL Kürbiskernöl
1–2 EL schwarzer
  Johannisbeersaft
Salz und Pfeffer aus der
  Mühle

Den Feldsalat von welken Blättern befreien, waschen und sehr gut trocken tupfen. Die Butter in einer Pfanne zerlassen, das Fleisch in Streifen schneiden und gut durchbraten. Mit Salz und Pfeffer würzen, anschließend warm halten. Rhabarber und Frühlingszwiebeln waschen und putzen. Den Rhabarber in 1 cm große Stücke, die Frühlingszwiebeln in Ringe schneiden. Walnusskerne grob hacken. Den Zucker in einer Pfanne karamellisieren, Rhabarber zufügen und ca. 2 Minuten im Karamell erhitzen. Frühlingszwiebeln, Walnüsse und Johannisbeersaft zufügen und unter vorsichtigem Wenden ca. 3 Minuten dünsten, bis kein Saft mehr vorhanden ist.
Die Zutaten für das Dressing gut miteinander verrühren. Den Feldsalat auf Tellern anrichten, Hähnchen und Rhabarber darauf verteilen und mit dem Dressing beträufeln.

Tipp: Dazu passt frisches Baguette oder Weißbrot.

Lisa Krötz, Boanigger Hof, Farchant

Feldsalat mit geräucherter Rinderlende

Für 4 Personen:

150 g Feldsalat
50 g geräucherte
   Rinderlende
etwas Parmesan (nach
   Belieben)
einige Walnüsse (nach
   Belieben)

Für die Marinade:
6 EL Essig
10 EL Öl
Salz und Pfeffer aus der
   Mühle
Balsamico-Creme

Den Feldsalat putzen, waschen und trocken schleudern. Die Rinderlende in dünne Streifen schneiden. Den Salat auf vier Teller verteilen und die Lendenstreifen darauf anrichten. Den Parmesan grob darüberreiben. Die Walnüsse zerstoßen und damit den Salat garnieren.

Essig, Öl, Salz und Pfeffer zu einer Marinade anrühren und über den Salat träufeln. Mit Balsamico-Creme ein Muster auf den Salat zeichnen und servieren.

Tipp: Der Feldsalat mit geräucherter Rinderlende eignet sich wunderbar zu einem Weihnachtsmenü, zusammen mit dem Kalbsrollbraten mit Petersilienkartoffeln und Rosenkohl (S. 80) sowie Pannacotta mit Fruchtsauce und Früchten (S. 138).

Johanna Kannamüller, Url-Hof, Waldkirchen

Linsensalat

Für 4 Personen:

150 g Beluga-Linsen
300 ml Gemüsebrühe
etwas Butter
Salz
1 Knoblauchzehe
2 Karotten
½ rote Paprikaschote
½ gelbe Paprikaschote
½ Salatgurke
3 EL Leindotteröl
2 EL Balsamicoessig
Pfeffer aus der Mühle
geröstete Leinsamen oder
   Sonnenblumenkerne
   zum Garnieren
Schnittlauchröllchen zum
   Garnieren

Die Linsen mit der Gemüsebrühe in einem Topf aufkochen, dann bei reduzierter Hitze abgedeckt 20 Minuten köcheln lassen. Garprobe machen. Danach die Butter zugeben, bei Bedarf salzen, gut durchmischen und weitere 5 Minuten ziehen und anschließend abkühlen lassen.

Die Knoblauchzehe schälen und durch eine Presse in eine Schüssel drücken. Die Karotten schälen und reiben. Paprikaschoten und Gurke waschen, Kerngehäuse und Scheidewände der Paprika entfernen. Gurke und Paprika fein würfeln. Gemüse und Linsen zum Knoblauch in die Schüssel geben und alles gut vermengen. Mit Leindotteröl, Essig, Salz und Pfeffer abschmecken. Den Linsensalat mit Leinsamen und Schnittlauchröllchen garniert servieren.

Julia Reimann, Chiemgaukorn, Trostberg

Kartoffelsalat mit Mais

Für 8–10 Personen:

2 kg kleine festkochende
Kartoffeln

Für die Essigbrühe:
3 mittelgroße Zwiebeln
250 ml Fleischbrühe
125 ml Essig
3 TL Zucker
½ TL Salz
Pfeffer aus der Mühle

Für die Sauce:
2 EL Mayonnaise
300 g saure Sahne
1 TL scharfer Senf
4 EL Zitronensaft
1 TL Zucker

Für das Gemüse:
300 g Mais (aus der Dose)
300 g Erbsen (frisch oder
TK)
2 rote Paprikaschoten
1 Bund Dill
1 Bund Petersilie

Die Kartoffeln waschen, in einem Topf mit Wasser aufgießen und 20–25 Minuten köcheln lassen. Währenddessen die Zwiebeln schälen, fein würfeln und mit Brühe, Essig, Zucker, Salz und Pfeffer in einem Topf aufkochen. Die gegarten Kartoffeln kalt abschrecken, pellen und in Scheiben schneiden. Dann mit der heißen Essigbrühe übergießen und 1 Stunde durchziehen lassen.

Für die Sauce Mayonnaise, saure Sahne, Senf, Zitronensaft und Zucker in einer Schüssel verrühren.

Den Mais abtropfen lassen. Frische Erbsen kalt, TK-Erbsen heiß abbrausen und Flüssigkeit ablaufen lassen. Paprikaschoten halbieren, Kerngehäuse und Trennwände entfernen, die Schoten waschen und würfeln. Dill und Petersilie abbrausen, trocken schütteln und fein hacken. Gemüse, Kräuter und Sauce mit den Kartoffeln zu einem Salat vermengen.

Tatjana Miers, Rosenheim

Blaukrautsalat mit Meerrettich

Für 4–6 Personen:

1 Kopf Blaukraut
   (Rotkohl)
1 gehäufter TL Salz
50 g Walnusskerne
50 g frischer Meerrettich
2 rote Zwiebeln
1 Bund Schnittlauch

Für das Dressing:
3 EL Weißweinessig
6 EL Öl
Salz und Pfeffer aus der
   Mühle
1 Prise Zucker

Das Blaukraut vom Strunk und den äußeren Blättern befreien und hobeln. Dann waschen, abtropfen lassen, mit Salz in einer Schüssel durchkneten und anschließend ausdrücken. Die Walnüsse grob hacken, den Meerrettich putzen und raspeln. Die Zwiebeln schälen und in feine Ringe, den Schnittlauch waschen und in Röllchen schneiden. Alles zum gehobelten Blaukraut geben und vermengen.

Aus Essig, Öl, Salz, Pfeffer und Zucker ein Dressing anrühren und über den Salat gießen. Ca. 15–20 Minuten ziehen lassen, anschließend servieren.

Tipp: Der Blaukrautsalat mit Meerrettich passt sehr gut zum Rinderwürzbraten von Seite 81.

Andrea Bernöcker, Moar am Hof, Agatharied

Roher Weißkrautsalat mit Speck

Für 2 Personen:

¼ Kopf Weißkraut
Salz
Öl zum Braten
50 g Speckwürfel

Für das Dressing:
2–3 EL Essig
2 EL Öl
½ TL Zucker
Pfeffer aus der Mühle
½ TL Kümmel

Das Weißkraut hobeln, waschen, abtropfen lassen und mit ½ TL Salz kräftig in einer Schüssel einstampfen. Etwas Öl in einer Pfanne erhitzen und den Speck darin auslassen.

Essig mit 2 EL heißem Wasser, Öl, Zucker, Pfeffer und Kümmel in einer Schale zu einem Dressing verrühren. Das Weißkraut mit der Essigmischung anmachen, den Speck untermischen und nochmals mit Salz und Pfeffer abschmecken.

Lydia Wegele, Gasthof Wegele, Dießen-Obermühlhausen

Wirsingsalat mit Birne

Für 4 Personen:

1 kleiner Kopf Wirsing
1 Birne
1 EL Zitronensaft
Essig
Öl
Salz und Pfeffer aus der
    Mühle
1 Prise Zucker
Birnensaft (nach Belieben)

Den Wirsing putzen, waschen und in dünne Streifen schneiden, dabei die dicken Blattrippen entfernen. Den Kohl mit kochendem Wasser überbrühen und etwas abkühlen lassen. Die Birne schälen, entkernen, klein schneiden und mit Zitronensaft mischen. Aus Essig, Öl, Salz, Pfeffer, Zucker und nach Belieben Birnensaft ein Dressing anrühren und mit dem Wirsing und der Birne vermengen. Abschmecken und vor dem Servieren gut durchziehen lassen.

Hans und Birgit Meier, Kräuter und Gemüse Meier, Buch

Bratkartoffelsalat

Für 4 Personen:

1 kg Kartoffeln
200 g Schweinebauch,
    nicht zu fett
1 Kopf Endiviensalat

Für die Marinade:
250 ml Brühe
4–5 EL Himbeeressig
1 EL Senf
1 TL Zucker
Kümmel
Salz, Pfeffer

Die Kartoffeln kochen und abkühlen lassen. Inzwischen den Schweinebauch würfeln und anbraten. Die Kartoffeln schälen, in Scheiben schneiden, zum Schweinebauch dazugeben und mit anbraten. Die fertigen Bratkartoffeln in eine Schüssel geben und dabei den Bratensaft in der Pfanne aufheben. Den Endiviensalat in Scheiben schneiden und unter die Bratkartoffeln mischen.
Für die Marinade Brühe, Himbeeressig, Senf, Zucker und Gewürze verquirlen und den Bratensaft in der Pfanne damit ablöschen, das Ganze kurz aufkochen lassen. Die Marinade heiß über die Bratkartoffelmischung gießen und alles vermengen. Abschmecken und lauwarm servieren.

Gertraud Schorer, Unteregg

Rote-Rüben-Rohkost

Für 4 Personen:

1 große rote Rübe
(Rote Bete)
2 säuerliche Äpfel
1 Handvoll
Sonnenblumenkerne
100 ml Sahne

Für die Marinade:
Essig
Öl
Salz
Zucker

Die rote Rübe putzen und fein raspeln. Die Äpfel waschen, vierteln, entkernen und mit Schale ebenfalls fein raspeln. Beides in eine Schüssel geben.

Aus Essig, Öl, Salz und Zucker eine kräftige Marinade bereiten und über die Rohkost gießen. Alles gut vermischen und einige Stunden durchziehen lassen. Die Sonnenblumenkerne in einer Pfanne anrösten. Vor dem Servieren die Sahne unter die Rohkost heben und mit den gerösteten Sonnenblumenkernen bestreuen.

Gerlinde Herz, Cadolzburg

Roher Selleriesalat

Für 4 Personen:

200 g Sellerieknolle
2 saftige Äpfel
1 Tasse Walnusskerne

Für die Marinade:
5 EL Joghurt
1 EL Öl
1 TL Meerrettich
etwas Curry

Für die Marinade Joghurt, Öl und Meerrettich verrühren. Mit Curry abschmecken.

Den Sellerie waschen, schälen und direkt in die Marinade reiben. Äpfel waschen und ungeschält zum Sellerie reiben. Die Walnusskerne grob hacken und zur Apfel-Sellerie-Mischung geben. Alles gut mischen.

Gabriele Welsch, Burggrafenhof

Sauerampfersalat

Für 2–4 Personen:

100–150 g Sauerampfer
1 EL Sahne
1 TL Kräuteressig
Streuwürze
1 TL Schalotte, fein
gehackt

Den Sauerampfer von den Stielen befreien und in lauwarmem Salzwasser gründlich waschen. Anschließend die Blätter in Streifen schneiden.

Für die Marinade Sahne, Kräuteressig, Streuwürze und die Schalottenwürfel vermischen.

Den Sauerampfer mit der Marinade beträufeln und sofort servieren.

Gabriele Welsch, Burggrafenhof

Suppen

Kartoffelsuppe (»A guade Erdäpflsuppn«)

Für 4–6 Personen:

4–6 Kartoffeln
1 Knollensellerie
4 Karotten
Fett zum Braten
2 Zwiebeln
100 g geräuchertes Fleisch
Salz und Pfeffer aus der
　Mühle
einige Stängel Majoran

Die Kartoffeln, den Sellerie und die Karotten schälen. Das Gemüse in grobe Stücke schneiden und in reichlich Wasser weich kochen. Das durchgegarte Gemüse pürieren, davor je nach gewünschter Konsistenz Wasser zugeben oder abschütten.

Das Fett in einer Pfanne erhitzen. Die Zwiebeln schälen und mit dem geräucherten Fleisch klein würfeln, dann in der Pfanne anbräunen und zum Gemüse geben. Mit Salz und Pfeffer würzen. Den Majoran waschen, trocken tupfen, zerkleinern und die Suppe damit abschmecken.

Tipp: Wer möchte, kann zusätzlich eine frische Leberwurst in die fertige Suppe geben.

Brigitte und Wolfgang Luger, Lugerhof, Roding

Käsesuppe

Für 4 Personen:

50 g Butter
2 EL Mehl
500 ml Gemüsebrühe
500 ml Milch
50 ml Weißwein
300 g Reibekäsemischung
   oder junger Bergkäse
Salz und Pfeffer aus der
   Mühle
1 Prise frisch geriebene
   Muskatnuss
Schnittlauchröllchen zum
   Garnieren

Die Butter in einem Topf schmelzen und das Mehl unter ständigem Rühren hinzugeben. Wenn sich Mehl und Butter verbunden haben, mit der Brühe und der Milch aufgießen. Dabei stetig weiterrühren, um Klümpchen oder Anbrennen zu vermeiden. Den Topfinhalt aufkochen lassen und Weißwein zugeben. Die Suppe vom Herd nehmen und den geriebenen Käse nach und nach einrühren. Sollte eine glattere Konsistenz gewünscht sein, kann die Suppe püriert werden. Mit Salz, Pfeffer und Muskatnuss abschmecken, etwas Schnittlauch darüberstreuen und warm servieren.

Andreas Wahl, Naturkäserei Tegernseerland, Kreuth am Tegernsee

Apfel-Curry-Suppe

Für 4–6 Personen:

1 Zwiebel
1 Knoblauchzehe
2 EL Butter
6 säuerliche Äpfel
   (z. B. Boskop)
1 Banane (nach Belieben)
1 EL Currypulver
1 l Gemüsebrühe
Salz und Pfeffer aus der
   Mühle
etwas Zucker, bei Bedarf
Schlagsahne oder Crème
   fraîche zum Servieren

Zwiebel und Knoblauch schälen und in Würfel schneiden. Die Butter erhitzen und das Gemüse darin andünsten. Die Äpfel schälen, entkernen, würfeln und ca. 20 Minuten mitgaren. Falls verwendet, die Banane schälen, in Stücke schneiden und zugeben. Das Currypulver einstreuen und die Brühe angießen. Mit Salz und Pfeffer, bei Bedarf auch etwas Zucker, abschmecken. Die Mischung mit dem Stabmixer fein pürieren.
Die Suppe mit einem Klecks geschlagener Sahne oder Crème fraîche servieren.

Kristine Brunner, Fischbach

Fränkische Hochzeitssuppe

Für 4–6 Personen:

Für die Schwimmerle:
1 Prise Salz
15 g Butter
75 g Mehl
2 Eier
Pflanzenfett zum
  Ausbacken

Für die Pfannkuchen:
50 g griffiges Weizenmehl
125 ml Milch
2 Eier
Salz, Muskatnuss
gehackte Petersilie
etwas Mineralwasser
Butter zum Ausbacken

Für die Leberklößchen:
80 g in Milch eingeweichte
  Weißbrotscheiben
250 g Schweineleber
20 g Butter
50 g Speck, fein gewürfelt
1 Zwiebel, fein gehackt
2 EL frisch gehackte
  Petersilie
3 Eier
150 g Semmelbrösel
je 1 gute Prise Salz,
  Pfeffer, Majoran,
  Muskatnuss und Macis

1,5 l gute Fleischbrühe
frisch gehackte Petersilie
  zum Servieren

Für die Schwimmerle 125 ml Wasser, Salz und Butter aufkochen. Das Mehl zugeben und rühren, bis sich ein Kloß bildet. Vom Herd nehmen und die Eier einzeln einarbeiten, bis ein geschmeidiger Teig entsteht. In einem Topf reichlich Fett erhitzen. Vom Teig mit einem Teelöffel Klößchen abstechen und im heißen Fett schwimmend goldbraun ausbacken. Auf Küchenpapier abtropfen lassen.

Für die Pfannkuchen in einer Schüssel Mehl und Milch glatt verrühren. Eier, Salz, Muskat, Petersilie und Mineralwasser unterrühren. Den Teig etwa 30 Minuten ruhen lassen. Butter in einer Pfanne erhitzen, etwas Teig hineingießen und einen möglichst dünnen Pfannkuchen backen. Fortfahren, bis der gesamte Teig aufgebraucht ist. Die Pfannkuchen auskühlen lassen und in dünne Streifen schneiden. In der Zwischenzeit die Fleischbrühe erwärmen und die fertigen Schwimmerle darin anrichten.

Für die Leberklößchen das Weißbrot ausdrücken. Zusammen mit der Leber durch die feine Scheibe des Fleischwolfs drehen. In einer Pfanne 1 TL Butter erhitzen. Die Speck- und Zwiebelwürfel darin andünsten und zur Lebermasse geben. Die restliche Butter in der Pfanne »nussbraun« werden lassen, vom Herd nehmen. Die Petersilie einstreuen und ebenfalls zur Lebermasse geben. Diese mit Eiern, Semmelbröseln und Gewürzen zu einem glatten Teig verkneten. Aus dem Teig Klößchen formen.

Die Fleischbrühe in einem Topf aufkochen. Die Leberklößchen einlegen und etwa 10 Minuten in der Brühe sieden lassen.

Zum Servieren in jeden Teller einige Schwimmerle, Pfannkuchenstreifen und Leberklößchen legen. Mit heißer Brühe übergießen, mit Petersilie bestreuen und sofort servieren.

Christa Weinländer, Cadolzburg

Petersilienwurzelsuppe mit Granatapfel

Für 4–6 Personen:

500 g Petersilienwurzeln
2 Schalotten
1 Knoblauchzehe
1 EL Butter
900 ml Gemüsebrühe
200 g Sahne
100 ml Weißwein
Salz und Pfeffer aus der
   Mühle
½ Bund Petersilie
frisch geriebene
   Muskatnuss
Kerne von ½ Granatapfel
   zum Garnieren

Petersilienwurzeln, Schalotten und Knoblauch schälen und klein würfeln. Die Butter in einem Topf zerlassen und das Gemüse darin andünsten. Mit Brühe ablöschen. Sahne und Wein zugießen, salzen, pfeffern und ca. 20 Minuten bei niedriger Hitze köcheln lassen. Die Petersilie waschen, grob zerkleinern und zur Suppe geben, dann alles mit dem Stabmixer cremig pürieren. Mit Salz, Pfeffer und etwas Muskat abschmecken. Die fertige Suppe zum Servieren in Schalen füllen und mit Granatapfelkernen garnieren.

Kristine Brunner, Fischbach

Allgäuer Kässuppe

Für 4 Personen:

70 g Margarine oder
   Butter
50 g Mehl
1 l klare Brühe
200 g Emmentaler,
   gerieben
1 Eigelb
2 EL Sahne
Pfeffer
2 Zwiebeln
2 Scheiben Weißbrot
Petersilie, gehackt
Fett zum Rösten

Die Margarine oder Butter in einem Topf schmelzen, mit Mehl bestäuben und anschwitzen lassen. Mit Brühe ablöschen und einmal aufkochen lassen. Den geriebenen Käse in die Brühe geben, unterrühren und noch einmal zum Kochen bringen. Das Eigelb mit Sahne verrühren und die Suppe damit begießen. Nicht mehr kochen lassen! Die Suppe mit Pfeffer abschmecken.
Die Zwiebeln in Ringe schneiden und das Brot würfeln. Beides in etwas Fett anrösten und mit fein gehackter Petersilie über die Suppe streuen.

Brigitte Schöpf, Kaufbeuren

Rinderkraftbrühe

Für 4–6 Personen:

2 große Zwiebeln
2–5 Knochen
2–5 Karotten
½ Knolle Sellerie
1 Stange Lauch
1 Stängel Liebstöckel
    (nach Belieben)
½ TL Pfefferkörner
½ TL Wacholderbeeren
2–5 Lorbeerblätter
1 Prise frisch geriebene
    Muskatnuss
0,5–1 kg Suppenfleisch
1 Beinscheibe (optional)
2–4 TL Salz

Die Zwiebeln mit der Schale halbieren und ohne Fett im heißen Topf braun werden lassen. Die Knochen dazugeben und etwas mitbraten, vom Herd nehmen und mit 3–5 l kaltem Wasser aufgießen. Karotten und Sellerie schälen, den Lauch gut auswaschen, alles in Stücke schneiden und zugeben. Den Liebstöckel waschen, trocken schütteln und grob zerkleinern. Mit den restlichen Gewürzen dem Sud zufügen.

Wenn die Suppe einen kräftigen Fleischgeschmack haben soll, das Fleisch in das kalte Wasser geben, einmal aufkochen und dann für mindestens 2–3 Stunden leicht sieden lassen. Das Fleisch kann je nach Größe auch schon nach 90 Minuten herausgenommen werden.

Wenn das Fleisch den intensiven Geschmack behalten soll, dieses erst in die kochende Suppe geben und entsprechend kochen (damit die Suppe trotzdem einen Rindfleischgeschmack bekommt, die Beinscheibe in das kalte Wasser geben).

Die fertige Suppe durch ein Sieb passieren. Das Gemüse kann je nach Belieben wieder in die Suppe gegeben oder weggelassen werden. Zum Schluss mit Salz abschmecken.

Tipp: Die beliebteste Suppeneinlage sind bei uns die Grießnockerl (S. 32). Sahnemeerrettich, Salz und Pfeffer schmecken sehr gut zum Suppenfleisch, Rahmwirsing und Kartoffeln eignen sich als Beilage ebenfalls bestens.

Lisi Burghart, Burgharthof, Ottersberg

Leberknödelsuppe

Für 2–4 Personen:

5 g Butter
1 kleine Zwiebel
einige Stängel Petersilie
1 Bio-Zitrone
100 g gemahlene
   Rinderleber
1 Ei
3–4 EL Semmelbrösel
Salz
1 Prise getrockneter
   Majoran
1,5 l Fleischbrühe
Schnittlauchröllchen zum
   Garnieren

Die Butter in einer Pfanne zerlassen. Zwiebel schälen, Petersilie abbrausen und trocken tupfen, dann beides klein schneiden und in der Butter andünsten. Die Zitrone heiß abwaschen und die Schale abreiben. Die Zutaten mit der gemahlenen Leber, Ei, Semmelbrösel, Salz und Majoran in eine Schüssel geben und gut verrühren.

Dann ausreichend Salzwasser in einem Topf zum Kochen bringen. Aus der Masse etwa golfballgroße Knödel formen und 5–12 Minuten ohne Deckel leicht köcheln lassen. Die Fleischbrühe in einem weiteren Topf aufkochen, auf Suppenteller verteilen und die fertigen Leberknödel einlegen. Zum Servieren mit Schnittlauch bestreuen.

Tipp: Aus dem Teig können auch Leberspätzle zubereitet werden, dafür einfach den Teig durch einen Spätzlehobel in kochendes Salzwasser geben.

Lydia Wegele, Gasthof Wegele, Dießen-Obermühlhausen

Griaßnockerl

Für ca. 12 Nockerl:

50 g weiche Butter
1 Ei
80 g Weichweizengrieß
etwas Salz
1 Prise frisch geriebene
  Muskatnuss

Die Butter und das Ei in einer Schüssel schaumig verquirlen. Grieß, Salz und Muskat dazugeben und zu einem glatten Teig verarbeiten. Den Teig mindestens 1 Stunde ruhen lassen. Dann mit 2 Teelöffeln kleine Nockerl formen und in kochendes Wasser oder eine fertige, kochende Suppe geben. Die Temperatur zurückschalten und die Nockerl leicht siedend ca. 25 Minuten gar ziehen lassen.

Tipp: Sehr gut passen die Griaßnockerl zur Rinderkraftbrühe auf Seite 30.

Lisi Burghart, Burgharthof, Ottersberg

Brätnoggerl

Für ca. 22 Noggerl:

250 g Kalbsbrät (kein
  Wurstbrät)
etwas Milch
4 Eier
Abrieb von 1 Bio–Zitrone
1 TL fein gehackte
  Petersilie
Salz und Pfeffer aus der
  Mühle
1 Zwiebel
1–2 EL Semmelbrösel

Brät mit Milch vorsichtig glattrühren, der Teig sollte geschmeidig sein. Die Eier einzeln unterrühren. Zitrone heiß abwaschen und die Schale abreiben. Die Zitronenschale, Petersilie, Salz und Pfeffer zum Teig geben und gut durchmischen. Die Zwiebel schälen, fein reiben und mit den Semmelbröseln zusammen unter die Masse rühren.
Wasser in einem Topf zum Kochen bringen. Aus dem Teig ein Probenoggerl formen und in den Kochtopf geben. Wenn es zerfällt, noch etwas Semmelbrösel in die Masse geben. Dann mithilfe eines Teelöffels die Noggerl abstechen, in der feuchten Handfläche formen, gar kochen und aus dem Topf herausnehmen.

Tipp: Die Brätnoggerl zum Beispiel in der Rinderkraftbrühe von Seite 30 servieren.

Angelika Melzow, Gasthof Alter Wirt, Dießen-Obermühlhausen

Beilagen

Spinatknödel

Für 15–18 Knödel:

300 g Knödelbrot
250 ml Milch
800 g Spinat (frisch oder
  TK)
30 g Butter, plus etwas
  mehr zum Servieren
1 kleine Zwiebel
1 Knoblauchzehe
2 Eier
Salz und Pfeffer aus der
  Mühle
1 Prise frisch geriebene
  Muskatnuss
Parmesan zum Servieren

Das Knödelbrot in eine Schüssel geben und nach und nach mit der Milch übergießen. Das Brot sollte die Milch noch vollständig aufsaugen können, also nicht zu viel Flüssigkeit zugeben, da der Spinat auch noch Wasser enthält.

Spinat in Salzwasser gar kochen, ausdrücken und passieren. Butter in einem Topf zerlassen. Zwiebel und Knoblauch schälen, klein hacken und in der Butter anschwitzen. Den Spinat zugeben und 5 Minuten bei mittlerer Temperatur dünsten. Anschließend etwas abkühlen lassen. Die Spinatmasse mit den Eiern zum Brot geben und gut mischen. Mit Salz, Pfeffer sowie Muskat würzen. Aus dem Teig kleine Knödel formen und in Salzwasser ca. 15 Minuten leicht köcheln lassen. Mit frisch geriebenem Parmesan bestreuen und mit zerlassener Butter servieren.

Tipp: Ein frischer Salat macht sich sehr gut zu den Spinatknödeln.

Lisa Krötz, Boanigger Hof, Farchant

Kasknödel

Für ca. 14 Knödel:

500 ml Milch
300 g Knödelbrot,
    alternativ auch
    altbackenes Weißbrot
    oder Semmeln
50 g Butter
1 Zwiebel
2 EL Petersilie
300 g Käse (Emmentaler
    und Almkäse gemischt)
2 EL Schnittlauch
Salz
1 Prise frisch geriebene
    Muskatnuss
1 EL Mehl
3 Eier
geriebener Parmesan zum
    Servieren

Die Milch lauwarm erhitzen, über das Knödelbrot gießen (Weißbrot oder Semmeln vorher klein schneiden) und etwas ziehen lassen. 1 EL Butter in einer Pfanne schmelzen. Die Zwiebel schälen, klein schneiden und mit der Petersilie in der zerlassenen Butter anschwitzen. Den Käse klein würfeln und mit der Zwiebelmasse, Schnittlauch, etwas Salz, Muskat, Mehl, Eiern und Brot in einer Schüssel vermischen.

Ausreichend Salzwasser in einem Topf erhitzen. Mit nassen Händen aus dem Teig Knödel formen und 15 Minuten im Salzwasser ziehen lassen. Die restliche Butter in der Pfanne so lange erhitzen, bis sie bräunt, dann über die fertigen Knödel träufeln und nach Belieben mit Parmesan bestreuen.

Tipp: Zu den Kasknödeln schmeckt hervorragend ein Krautsalat (S. 22) oder grüner Blattsalat.

Gabriele Eitzinger, Bio-Beeren vom Franz, Obing

Bayerische Semmelknödel

Ergibt 4–8 Knödel:

300 g Weißbrot vom
    Vortag
100 ml Milch
1 Zwiebel
3 Stängel Petersilie
15 g Butter
2 Eier
Salz und Pfeffer aus der
    Mühle
1 Prise frisch geriebene
    Muskatnuss

Das Brot in dünne Scheiben schneiden und in eine Schüssel geben. Die Milch erhitzen, über die Brötchen gießen und abgedeckt etwa 10 Minuten quellen lassen. Die Zwiebel schälen und würfeln. Die Petersilie abbrausen, trocken schütteln und fein hacken. Butter in einer Pfanne erhitzen und Zwiebelwürfel darin andünsten, die Petersilie untermischen und beides zum Brotgemisch geben. Eier, Salz, Pfeffer und Muskat zufügen. Mit angefeuchteten Händen etwa 4–8 Knödel aus der Masse formen. Die Knödel in siedendem Salzwasser ca. 15 Minuten garen, aus dem Topf nehmen und abtropfen lassen.

Tatjana Miers, Rosenheim

Böhmische Knödel

Für 4–6 Knödel:

500 g Mehl
1 Semmel vom Vortag
1 Pck. Trockenhefe oder
  ½ Würfel frische Hefe
1 Ei
½ TL Salz

Küchengarn

Das Mehl in eine Schüssel sieben. Die Semmel klein schneiden und untermischen, Hefe dazugeben und alles mit etwas Wasser zu einem dicken Brei vermengen. Abgedeckt gehen lassen, bis sich der Teig verdoppelt hat. Ei und Salz hinzugeben, bei Bedarf auch Wasser, der Teig sollte aber etwas fester sein. Kräftig durchkneten und nochmals mindestens eine halbe Stunde abgedeckt an einem warmen Ort ruhen lassen.

Danach den Teig in 2–3 längliche Wecken formen und diese 5–10 Minuten in einem Tuch eingehüllt stehen lassen.

Währenddessen in einem großen Topf Wasser zum Kochen bringen, Salz zufügen und je nach Größe ein oder zwei Wecken in das kochende Salzwasser geben, ca. 18–20 Minuten mit Deckel sanft köcheln lassen. Das Garn auf einem flachen Teller bereithalten, die fertigen Knödel mit dem Faden einmal teilen und dann die Knödelhälften in ca. 1 cm dicke Scheiben schneiden.

Tipp: Die böhmischen Knödel passen sehr gut zum Hirschbraten von Seite 92. Sie eignen sich außerdem zum Einfrieren. Zum Auftauen einfach über Wasserdampf erwärmen.

Rudolf Grundler, Wilde Sachen, Waidhausen

Rohe Kartoffelknödel (Klöße)

Für 4 Personen:

1,5 kg mehligkochende
    Kartoffeln
500 g gekochte Kartoffeln
1/4 l kochende Milch oder
    Wasser
Salz
geröstete Semmelwürfel
Salzwasser zum Kochen

Kartoffelsäckchen

Die rohen Kartoffeln waschen, schälen und bis zur Weiterverarbeitung in kaltes Wasser legen, damit sie sich nicht verfärben.

Die Kartoffeln in eine Schüssel mit Wasser reiben, das Wasser mehrmals erneuern.

Die Masse im Kartoffelsäckchen sehr fest auspressen, die abgesetzte Stärke dazugeben. Sofort mit kochender Milch oder Wasser übergießen.

Die gekochten, durchgepressten Kartoffeln beifügen, salzen und zu einem Teig verarbeiten.

Aus dem Teig sofort Klöße formen, dabei in die Mitte geröstete Semmelwürfel geben.

Die Knödel in kochendes Salzwasser einlegen, etwa 20-25 Minuten langsam köcheln lassen.

Die fertigen Knödel sofort servieren.

Thea Treuheit, Cadolzburg

Reiberdatschi

Für ca. 4 Personen:

1 kg mehlige Kartoffeln
20 g Mehl
30 g Haferflocken
2 Eier
100 g Magerquark
½ TL Salz
1 Prise frisch geriebene
   Muskatnuss
etwas Rapsöl zum
   Ausbacken
Apfelmus zum Servieren

*Küchenmaschine oder
Handreibe*

Die Kartoffeln schälen, mit der Küchenmaschine oder der Handreibe fein raspeln und möglichst viel Flüssigkeit mit den Händen auspressen. Die geriebenen, ausgedrückten Kartoffeln in eine Schüssel geben und mit Mehl, Haferflocken, Eiern, Quark, Salz und Muskat vermengen.

Ausreichend Fett in einer Pfanne erhitzen und portionsweise flache, runde Taler bei mittlerer Hitze beidseitig ausbacken. Wenn die Reiberdatschi goldbraun sind, auf einen Teller mit Küchenkrepp legen, um das überschüssige Fett aufzufangen und im Ofen warmhalten, bis alle fertig gebacken sind. Mit Apfelmus servieren.

Tipp: Wir verwenden für die Reiberdatschi am liebsten die Kartoffelsorte Quarta.

Christine Wagner, Hofladen Etzlberg, Gachenbach

Kartoffelpuffer

Für 15–18 Puffer:

500 g Kartoffeln
150 g Mehl
2 Eier
Salz
140 ml Milch
etwas Öl zum Ausbacken

Küchenreibe

Die Kartoffeln kochen, pellen und reiben. Das Mehl dazusieben, Eier und Salz ebenfalls zufügen und alles gut vermengen. Die Milch langsam zugeben und solange rühren, bis sich die Zutaten zu einer homogenen Masse verbunden haben.

Das Öl in einer Pfanne erhitzen. Aus der Kartoffelmasse beliebig große Bälle formen, in die Pfanne geben, platt drücken und von beiden Seiten goldbraun ausbacken.

Tipp: Die Kartoffelpuffer können herzhaft, mit Pilzsauce und Salat, oder auch süß, beispielsweise mit Apfelmus, gegessen werden.

Silvia Hartmann, Hartmannhof, Altenstadt-Bergenstetten

Kartoffeltaler

Für ca. 10 Taler:

420 g gekochte Kartoffeln
   vom Vortag
1 Bund gemischte
   Wildkräuter (z.B.
   Giersch, Löwenzahn,
   Vogelmiere, Beinwell,
   Wiesen-Bärenklau usw.)
80 g Mehl, plus mehr zum
   Arbeiten
1 Ei
1 TL Salz
etwas Sonnenblumenöl
   zum Braten

Küchenreibe

Die Kartoffeln pellen und sehr fein in eine große Schüssel raspeln. Die Kräuter waschen, trocken schütteln, fein hacken und zu den Kartoffelraspeln geben. Das Mehl dazusieben und der Masse Ei und Salz zufügen, dabei mithilfe einer Gabel den Teig vermengen (nicht mit den Händen kneten).

Die Arbeitsfläche gut bemehlen und die Hälfte des Teigs zu einer Rolle (4 cm Ø) formen. Diese in etwa 1 cm dicke Scheiben schneiden und mit der anderen Hälfte genauso verfahren. Das Öl in einer Pfanne erhitzen und die Taler etwa 4 Minuten pro Seite bei mittlerer Hitze hellbraun ausbraten.

Gisela Hafemeyer, Gisela's Kräuterstadl, Andechs

Kartoffelrösti

Für ca. 15 Rösti:

2 rote Zwiebeln
ca. 700 g Kartoffeln
4 EL Weizenmehl
1 TL Salz
Pfeffer aus der Mühle
2 EL Kräuter-Crème
   fraîche oder 2 Eiweiß
Rapsöl zum Braten

Küchenreibe

Den Backofen auf 100 °C (Ober-/Unterhitze) vorheizen.

Die Zwiebeln schälen und sehr fein würfeln. Die rohen Kartoffeln schälen, grob reiben und mit Zwiebeln, Mehl sowie Salz und Pfeffer in einer Schüssel mischen. Mit Crème fraîche binden.

Etwas Rapsöl in einer beschichteten Pfanne erhitzen. 1 EL der Kartoffelmischung in die Pfanne geben und mit dem Löffel einen Röstitaler formen. Bei mittlerer Hitze auf jeder Seite etwa 3–4 Minuten kross braten. Die fertigen Rösti im Ofen warm halten, bis der Teig verbraucht ist.

Anita Painhofer, Saliterhof, Gilching-Geisingbrunn

Schnagger (Striezel)

Für 4–6 Personen:

1 kg mehlige Kartoffeln
etwas Butter zum Fetten
80–150 g Dinkelmehl
1–2 Eier
1 Prise Salz
250 g Sahne

Kartoffelpresse

Die Kartoffeln am Vortag kochen. Noch warm pellen und durch eine Kartoffelpresse drücken, dann über Nacht stehen lassen.

Den Backofen auf 180° C (Ober-/Unterhitze) vorheizen. Eine Auflaufform ausbuttern.

Das Mehl sieben und mit den Kartoffeln, Eiern und Salz zu einem festen Teig kneten. Ist der Teig zu weich, mehr Mehl zugeben. Dann etwa fingerdicke Striezel formen. Diese sollten mindestens so lang wie die Auflaufform sein. Die Striezel eng in zwei Lagen übereinander in die Form schichten. Die Sahne darübergießen und die Schnagger 35–45 Minuten im Ofen goldbraun backen.

Tipp: Die Schnagger können süß mit Apfelmus oder als Beilage zu Schweinebraten (S. 55) und Blaukrautsalat (S. 22) gegessen werden.

Dunja Götz, Betrieb Götz, Wallerstein-Birkhausen

Rantschspatzen

Für 8–10 Personen:

10 Semmeln vom Vortag
7–10 Kartoffeln
1 Ei
1 Prise Salz
400 g Schlagsahne

Den Backofen auf 200 °C (Ober-/Unterhitze) vorheizen. Die Semmeln in dünne Scheiben schneiden und in eine Schüssel füllen. Die Kartoffeln schälen und fein über die Semmeln reiben, das Ei zugeben und alles zu einem Knödelteig verarbeiten. Salzwasser in einem Topf aufsetzen und zum Kochen bringen. Aus dem Teig mit den Händen Spatzen formen (wie der Körper eines Spatzen) und diese ins Wasser geben. Wenn sie aufsteigen, mit der Schöpfkelle herausnehmen und in eine Bratreine legen. Mit der Sahne übergießen und im Ofen ca. 1 Stunde backen, bis sie goldbraun sind.

Tipp: Zu den Rantschspatzen wird gerne Sauerkraut serviert.

Erika Stelzl, Kräuter & Erlebnishof Stelzl, Rattenberg

Kräuterbratlinge

Für 10 Bratlinge:

200 ml Milch
1 Ei
200 g Haferflocken
2 Bund gemischte
    Wildkräuter (z.B.
    Giersch, Löwenzahn,
    Vogelmiere, Beinwell,
    Spitzwegerich, Bärlauch,
    Wiesen-Bärenklau)
Salz und Pfeffer aus der
    Mühle
etwas Sonnenblumenöl
    zum Braten

Die Milch mit dem Ei verquirlen. Haferflocken in eine Schüssel geben, Eimilch dazugießen und gut durchmengen. Die Wildkräuter waschen, trocken schütteln und sehr fein hacken. Zusammen mit ¼ TL Salz und 1 Prise Pfeffer gut unter die Haferflocken mischen. Das Öl in einer Pfanne erhitzen, jeweils 1 EL Teig in die Pfanne geben und flach drücken. Bei mittlerer Temperatur die Bratlinge 3–5 Minuten auf jeder Seite braten, dabei mehrmals wenden, bis sie hellbraun und knusprig sind.

Tipp: Zu den Kräuterbratligen schmeckt der Schnittlauchquark (S. 48).

Gisela Hafemeyer, Gisela's Kräuterstadl, Andechs

Zucchini-Puffer

Für 8–10 Puffer:

250 g Zucchini
100 g Mehl
1 Ei
3 EL Sahne
50 g geriebener Käse
½ TL Salz
½ TL Gemüsebrühpulver
1 Zwiebel
½ Bund Petersilie
½ Bund Schnittlauch
Fett zum Ausbacken

Die Zucchini waschen, in eine Schüssel raspeln und das Mehl dazusieben. Ei, Sahne, Käse, Salz und Gemüsebrühepulver ebenfalls zufügen und alles gut vermengen. Zwiebel schälen und fein würfeln. Petersilie und Schnittlauch waschen, trocken tupfen und klein schneiden. Zwiebel und Kräuter zur geraspelten Zucchini geben und gut vermischen. Dann den Teig 30 Minuten stehen lassen.
Ausreichend Fett in einer Pfanne erhitzen und portionsweise die Zucchinimasse hineingeben, platt drücken und zu Puffern ausbacken.

Tipp: Zu den Zucchini-Puffern passt Kräuterquark (z. B. der Schnittlauchquark von S. 48) und ein frischer Salat.

Rosemarie Langenegger, Petershausen

Peperonata aus dem Ofen

Für 4–6 Personen:

2 mittelgroße Zwiebeln
1 rote Paprikaschote
1 gelbe Paprikaschote
500 g Champignons
2 EL kaltgepresstes Rapsöl
2 EL Zucker oder Honig
1 TL Salz
3 EL Balsamicoessig
2 Stängel Basilikum

Den Backofen auf 250 °C (Ober-/Unterhitze) vorheizen.

Die Zwiebeln schälen, achteln und in eine Schüssel füllen. Die Paprikaschoten waschen und halbieren, dabei das Kerngehäuse und die Trennwände entfernen. In 2 cm breite Streifen schneiden und zu den Zwiebeln geben. Die Champignons putzen, vierteln und zum restlichen Gemüse geben.

Schüsselinhalt mit dem Rapsöl vermischen, auf einem mit Backpapier belegten Blech verteilen und etwa 25 Minuten im Ofen backen.

Zucker, Salz und Essig mit dem Pürierstab aufmixen, über das heiße Gemüse träufeln und locker vermengen. Die Basilikumblätter von den Stängeln lösen, waschen, trocken tupfen, fein hacken und darübergeben.

Tipp: Die Peperonata aus dem Ofen schmeckt lauwarm hervorragend, kann aber auch kalt als Büffetspeise serviert werden. Dazu passt außerdem Saltimbocca vom Hähnchen oder von der Pute (S. 101).

Roswitha Hüttinger, Hofladen Jura-Geflügel, Rapperszell

Hauberlinge

Für 4 Personen:

100 ml Milch
15 g frische Hefe
125 g Weizenmehl
 (Type 550)
125 g Roggenmehl
 (Type 1050)
5 Stängel frischer
 Schnittlauch
1 Prise Salz
etwas gemahlener Kümmel
1 Eiweiß
150 ml Weißbier
Butterschmalz zum
 Ausbacken

Die Hälfte der Milch in einem Topf erwärmen, die Hefe darin auflösen und mit etwas Weizenmehl zu einem geschmeidigen Vorteig verarbeiten. Dann ca. 30 Minuten ruhen lassen.

Das restliche Weizenmehl und das Roggenmehl mischen und in eine Schüssel sieben. Den Schnittlauch waschen, trocken tupfen, in dünne Röllchen schneiden und mit Salz und Kümmel zum Mehl geben.

Das Eiweiß in einem sauberen Gefäß steif schlagen. Das Weißbier in einem Topf anwärmen und mit der restlichen Milch, dem Vorteig und dem Eischnee zur Mehlmasse geben und zu einem glatten Teig verkneten. Der Teig sollte so weich sein, dass sich ein eingestellter Kochlöffel langsam zur Seite neigt. Den fertigen Teig 25 Minuten abgedeckt gehen lassen.

Dann etwas Butterschmalz in einer Pfanne erhitzen und den Teig darin so ausbacken, dass je zwei Portionen (à ca. 2 cm Ø) zusammenhängen. Die Hauberlinge wenden und bei niedriger Hitze langsam bräunen.

Tipp: Hauberlinge sind eine oberbayerische Beilage und eignen sich zu Gerichten mit viel Sauce, z. B. zum Schweinsgulasch von S. 54.

Bettina Vogl, VoglHof, Holzheim-Pessenburgheim

Gebratene Polentaschnitten

Für 1 Blech:

1,5 l Gemüsebrühe
2 TL Salz
330 g Maisgrieß
50 g eingelegte
   getrocknete Tomaten
Pfeffer aus der Mühle

Kastenform
Frischhaltefolie für die
   Form

Die Gemüsebrühe in einem Topf aufkochen, salzen und den Maisgrieß unter ständigem Rühren einrieseln lassen, dann vom Herd nehmen. Die Tomaten würfeln und mit dem Pfeffer unter den Grieß mischen und kurz quellen lassen. In der Zwischenzeit die Kastenform mit Frischhaltefolie auskleiden. Die Maisgrießmasse einfüllen, mit der überstehenden Folie abdecken und 2 Stunden auskühlen lassen. Den Backofen auf 160 °C (Grillfunktion) vorheizen. Den kalten Grießkuchen in Scheiben schneiden und diese diagonal in Dreiecke teilen. Die Dreiecke auf ein mit Backpapier ausgelegtes Backblech geben und im Ofen ca. 15 Minuten bis zur gewünschten Bräunung grillen.

Tipp: Die gebratenen Polentaschnitten passen gut zum geschmorten Rindsgulasch von Seite 83. Übrige Polentaschnitten können eingefroren und nach Bedarf aufgetaut und gebraten werden.

Johanna Renoth, Laufen

44

Hausgemachte Haselnuss-Nudeln

Zutaten für 4 Personen:

300 g Weizenmehl
70 g Haselnussmehl
3 Eier
2 EL hochwertiges
   Olivenöl, plus 1 EL mehr
   zum Kochen
2 EL sehr fein gemahlene
   Haselnüsse
Salz

Die Mehle mischen, auf einer sauberen Küchenplatte aufhäufen und eine Mulde eindrücken. Die übrigen Zutaten in die Mulde geben und mit den Händen etwa 10–15 Minuten kräftig verkneten, bis der Teig glatt ist. Dann zu einer Kugel formen, eine angewärmte Schüssel darüberstülpen und den Teig 30–60 Minuten ruhen lassen.

Danach den Teig von der Mitte zum Rand hin dünn (2-3 mm) ausrollen und mit einem scharfen Messer Streifen in der gewünschten Breite abschneiden. Die abgeschnittenen Teigstreifen auf ein ausgebreitetes Pergamentpapier legen und 30 Minuten trocknen. Die Nudeln in reichlich sprudelndem Salzwasser mit 1 EL Öl 3-5 Minuten bissfest kochen.

Josef Neumeier, Haselnusshof Neumeier, Rudelzhausen

Baunzer

Für 4 Personen:

300 g mehlig kochende
   Kartofeln
Salz
1 Zwiebel
2 Äpfel
2 Eier
1 Prise Zucker
etwa 150 g Mehl
4 EL Butterschmalz

Die Kartoffeln waschen und in kochendem Salzwasser etwa 25 Minuten garen. Abgießen und ausdampfen lassen. Die Knollen pellen und durch die Kartoffelpresse drücken.

Zwiebel und Äpfel schälen. Von den Äpfeln das Kerngehäuse entfernen. Zwiebel und Äpfel in feine Würfel schneiden. Mit den Eiern zur Kartoffelmasse geben. Mit Salz und Zucker würzen und alles verkneten. So viel Mehl unter den Kartoffelteig kneten, bis er sich gut von den Händen löst. Aus dem Teig fingerlange Röllchen formen und in wenig Mehl wenden.

Den Backofen auf 160° C vorheizen. 2 EL Butterschmalz in einer Pfanne erhitzen und die Baunzer darin kurz anbräunen. Nebeneinander in eine Auflaufform legen. Das restliche Schmalz in der Pfanne schmelzen und die Baunzer damit bestreichen. Im heißen Backofen (Mitte) etwa 30 Minuten backen. Dazu gibt's Apfelmus.

Thea Treuheit, Cadolzburg

Bayerischer Reis

Für 3 Personen:

185 g Bayerischer Reis
  (Mischung aus Perl-
  Emmer, Perl-Einkorn
  und Perl-Urdinkel)
1 TL Gemüsebrühpulver
5 g Butter
1 Stängel Petersilie
1 Blatt Liebstöckel
2 Salbeiblätter
1 Karotte
1 Sellerieknolle (etwa so
  viel wie Karotte)
Salz und Pfeffer aus der
  Mühle
6 Kirschtomaten

Den Reis mit gut 500 ml Wasser und Gemüsebrühe in einem Topf aufkochen und bei geschlossenem Deckel 20 Minuten quellen lassen. Danach mit der Butter verfeinern. Petersilie, Liebstöckel- und Salbeiblätter waschen, trocken tupfen, fein hacken und untermischen. Die Karotte und den Sellerie schälen, in feine Streifen raspeln und ebenfalls dazugeben. Mit Salz und Pfeffer abschmecken. Die Kirschtomaten waschen und den Reis damit garnieren.

Tipp: Der Bayerische Reis eignet sich sehr gut als Beilage zu Fleischgerichten.

Anton Dapont, Biohof Hausberg, Egglham

Buchweizen-Risotto

Für 4 Portionen:

2 Zwiebeln
2 Knoblauchzehen
2 EL Thymianblättchen
2 EL Olivenöl
200 g Chiemgaukorn-
  Buchweizen (ganze
  Körner)
1 Bio-Zitrone
250 ml Weißwein
500–600 ml Gemüsebrühe
30 g Butter
60 g Parmesan
Salz und Pfeffer aus der
  Mühle
4 Stängel Petersilie oder
  Raukeblätter
1 Radicchio, alternativ ein
  paar Pilze

Zwiebeln und Knoblauch schälen und zusammen mit dem Thymian fein hacken. Alles zusammen in Olivenöl andünsten, den Buchweizen hinzufügen und unter Rühren glasig rösten, bis alle Körner glänzen. Zitrone heiß abwaschen, Schale abreiben und den Saft auspressen. Zitronenschale, Zitronensaft und Weißwein in die Pfanne geben. Die Brühe in einem Topf aufkochen, eine Schöpfkelle davon zur Weizenmischung gießen und unter Rühren einkochen lassen. Kellenweise wiederholen, bis der Buchweizen nach ca. 25 Minuten bissfest gegart ist. Dann den Topf von der Herdplatte nehmen, Butter einrühren und Parmesan dazureiben. Risotto abschmecken und gegebenenfalls nachwürzen. Die Petersilienblätter waschen, trocken tupfen, klein schneiden und abschließend zugeben. Radicchio waschen, gesondert anbraten und ebenfalls unterheben.

Julia Reimann, Chiemgaukorn, Trostberg

Urdinkel-Risotto

Für 4 Personen:

50 g Butter oder
    Butterschmalz
1 große Zwiebel
1–2 Knoblauchzehen (nach
    Belieben)
120 g Perl-Dinkel (oder
    Perl-Einkorn, Perl-
    Emmer oder Urgetreide-
    Mix)
150 ml Gemüsebrühe
150 ml Weißwein
2 EL Tomatenmark
4 Tomaten
1 Prise Cayennepfeffer
1 TL getrocknete Kräuter
geriebener Parmesan
    und Basilikum zum
    Servieren

Die Butter in einer Pfanne zerlassen. Die Zwiebel und den Knoblauch schälen, hacken und darin andünsten. Das Perl-Getreide zugeben und kurz erhitzen. Mit Brühe und Weißwein aufgießen und alles aufkochen. Das Tomatenmark zufügen und 20 Minuten köcheln lassen, dabei mehrmals umrühren und bei Bedarf Flüssigkeit nachgießen.

Währenddessen den Strunk der Tomaten entfernen, an der Unterseite kreuzweise einritzen, mit kochendem Wasser überbrühen und ca. 30 Sekunden sieden lassen. Dann die Tomaten mit kaltem Wasser abschrecken, die Schale abziehen und in Spalten schneiden. Kurz vor Ende der Garzeit des Risottos die Tomaten zugeben und erwärmen. Zum Schluss mit Cayennepfeffer und Kräutern abschmecken. Das Risotto mit Parmesankäse und Basilikumblättern bestreuen und servieren.

Tipp: Nach Geschmack können verschiedene gedünstete Gemüsearten, angebratene Pilze oder Nüsse unter das Risotto gemischt werden. Das Rezept passt gut zu Tofu, Fleisch oder Fisch.

Julia Reimann, Chiemgaukorn, Trostberg

Schnittlauchquark

Für 4–6 Personen:

1 Bund Schnittlauch
2 kleine Tomaten
250 g Quark
200 g Crème fraîche
Salz und Pfeffer aus der
    Mühle
Blüten (z. B. Ringelblume,
    Rotklee, Borretsch) zum
    Dekorieren

Den Schnittlauch waschen, trocken schütteln und in feine Röllchen schneiden. Die Tomaten waschen, den Stielansatz entfernen und fein würfeln. Beides in einer Schüssel mit Quark sowie Crème fraîche vermengen und mit Salz und Pfeffer abschmecken. Zum Schluss nach Belieben mit den Blüten dekorieren.

Tipp: Zum Schnittlauchquark passen die Kräuterbratlinge (siehe Seite 41).

Gisela Hafemeyer, Gisela's Kräuterstadl, Andechs

Schafgarbenbutter

Für ca. 200 g
    Kräuterbutter:

10–15 Schafgarben-
    Blütenstände, plus etwas
    mehr zum Verzieren
125 g weiche Butter
1 TL scharfer Senf
50 g Mandeln,
    alternativ auch
    Sonnenblumenkerne
Salz und Pfeffer aus der
    Mühle

Die Schafgarbenblüten waschen, trocken tupfen und fein schneiden. Die Butter mit dem Senf in einer Schale vermischen. Die Mandeln in einer Pfanne ohne Fett rösten, abkühlen lassen und klein hacken. Zusammen mit den Blüten zu der Butter geben und gut vermengen, anschließend mit Salz und Pfeffer abschmecken. Einige Blüten auf die Buttermasse streuen und alles kalt stellen.

Tipp: Die Butter kann gut eiskalt zu Fleisch oder Fisch gereicht werden, schmeckt aber auch auf einem frisch gebackenen Brot köstlich.

Christine Huber, Kräuteria am Kreuthof, Puchheim

Gierschbaguette

Für 4 Baguettes:

50 g Giersch
1 Pck. Trockenhefe
150 g Sahne, plus 2 EL
    zum Bestreichen
2 TL Kräutersalz
200 g geriebener Käse
300 g Weizenmehl
200 g Dinkelmehl
etwas Fett für das
    Backblech

Den Giersch waschen, trocken schütteln und fein schneiden oder pürieren. Die Hefe in der Sahne auflösen. Den Giersch, das Kräutersalz und 150 g Käse unterrühren. Zuletzt das Mehl dazusieben und alles miteinander verkneten. Den Teig ca. 30 Minuten ruhen lassen. Nochmal durchkneten und zu vier länglichen Stangen formen. Diese auf ein gefettetes Backblech legen, mit Sahne bepinseln und mit dem restlichen Käse bestreuen. Den Backofen auf 220 °C (Ober-/Unterhitze) vorheizen. Das Baguette 10 Minuten gehen lassen und dann ca. 25 Minuten im Ofen backen, bis der Käse zerlaufen und das Baguette goldbraun ist.

Tipp: Das Mehl kann auch mit der jeweils gleichen Menge an Weizen- bzw. Dinkelkörnern mithilfe einer Getreidemühle selbst gemahlen werden. Für eine leichtere Variante einfach die Sahne durch 200 ml Wasser ersetzen.

Christine Huber, Kräuteria am Kreuthof, Puchheim

Wildkräuterbrötchen

Für 15–18 Brötchen:

Wildkräuter nach Wahl
    (z. B. 2 Handvoll weiße
    und rote Kleeblüten,
    3 Blätter junger
    Löwenzahn, 3 Blätter
    Spitzwegerich, 5 Blätter
    Giersch, 1 Handvoll
    Gänseblümchenblüten)
500 g Dinkelmehl oder
    Weizenvollkornmehl
2 Pck. Backpulver
½ TL Salz
500 g Quark (40% Fett)
2 El ÖL

Den Backofen auf 220 °C (Ober-/Unterhitze) vorheizen. Die Wildkräuter waschen, trocken tupfen und grob zerkleinern. Das Mehl mit Backpulver mischen, in eine Schüssel sieben und mit dem Salz gut vermengen. Quark und Öl sowie 100–150 ml Wasser zugeben, die Wildkräuter unterheben und alles gut verkneten. Aus dem Teig eine Rolle formen und in 15–18 gleich große Stücke schneiden. Die Stücke zu Brötchen formen und auf das mit Backpapier ausgelegte Backblech setzen, dann im Ofen ca. 25 Minuten backen.

Irmgard Kinker, Berghof Kinker, Rosshaupten

Knoblauchsemmeln

Für ca. 50 Semmeln
à 5 cm:

250 g Kartoffeln
6 Knoblauchzehen
1 ½–2 EL Salz
500 g Mehl
30 g frische Hefe
250 ml Milch
1 Ei
1 Eigelb zum Bestreichen
geschälte Mandeln oder
Schweizer Käse (nach
Belieben)

Kartoffelpresse

Backofen auf 190 °C vorheizen (Umluft).

Kartoffeln kochen, schälen und noch heiß durch die Kartoffelpresse drücken oder stampfen.

Knoblauchzehen schälen, grob hacken, mit Salz vermischen und mit der Breitseite eines großen Messers oder einem Mörser zu einer Paste verreiben. Unter das Kartoffelpüree mischen. Das Mehl auf die Arbeitsfläche geben, mit dem Kartoffelpüree grob mischen und eine Mulde eindrücken. Hefe zerbröckeln, mit der lauwarmen Milch glatt rühren und in die Mulde füllen.

Von der Mitte aus mit einem Teil der Kartoffel-Mehl-Mischung vermengen. Ei leicht verquirlen, dazugeben und alles zu einem glatten Teig kneten. Bis zu 125 ml lauwarmes Wasser zugießen, sodass der Teig geschmeidig bleibt. Daraus eine Kugel formen und abgedeckt gehen lassen, bis der Teig sich verdoppelt hat. Nochmals durchkneten, portionieren, kleine runde Brötchen formen, auf ein gefettetes Backblech legen und nochmals ruhen lassen.

Ein letztes Mal durchkneten. Teiglinge mit Eigelb bestreichen, mit einem scharfen Messer leicht einritzen und nach Belieben mit Mandeln garnieren.

Im Ofen ca. 30 Minuten kross backen.

Tipp: Die Semmeln schmecken hervorragend zu einer Brotzeit, sind aber auch köstlich bei einem Grillfest oder einfach nur so zum Knabbern.

Anja Fischer, Bäurle-Hof, Bobingen

Hauptspeisen

Überbackene Champignonschnitzel

Für 4 Personen:

2 Knoblauchzehen
4 Schweineschnitzel oder
  Koteletts
Pfeffer aus der Mühle
2 Gemüsezwiebeln
250 g Champignons
60 g Butter
Salz
2 EL Semmelbrösel
1 Schuss Weißwein
500 g Sahne
150 g geriebener
  Emmentaler

Den Backofen auf 200 °C (Ober-/Unterhitze) vorheizen.

Die Knoblauchzehen schälen und längs halbieren. Das Fleisch mit den Knoblauchhälften einreiben, pfeffern und die Schnitzel aufeinanderlegen. Zwiebeln schälen und fein hacken, Champignons putzen und in Scheiben schneiden.

45 g Butter in einer Pfanne erhitzen, das Fleisch darin von beiden Seiten anbraten und salzen.

Die Schnitzel nebeneinander in eine Auflaufform legen. Knoblauch, Zwiebeln und Champignons in der Pfanne andünsten und mit Salz und Pfeffer würzen. Semmelbrösel, Wein und Sahne zugeben und die Pilzsauce kurz aufkochen lassen. Die Sauce über die Schnitzel gießen, geriebenen Käse darübergeben und auf der mittleren Schiene im Ofen ca. 10 Minuten überbacken, bis der Käse geschmolzen und goldbraun ist.

Eleonore Steinhuber, Hofladen Steinhuber, Rotthalmünster

Geschnetzeltes mit Nudeln

Für 4 Personen:

500 g Brokkoli
Salz
150 g Champignons
1 Zwiebel
500 g Schweineschnitzel
2 EL Öl
weißer Pfeffer aus der
    Mühle
20 g Butter oder
    Margarine
30 g Mehl
250 g Schlagsahne
400 g Bandnudeln

Den Brokkoli putzen, waschen und in Röschen schneiden. In kochendem Salzwasser 8–10 Minuten garen. Fertigen Brokkoli abgießen, Kochwasser dabei auffangen und davon 250 ml abmessen. Champignons putzen und halbieren. Die Zwiebel schälen und fein würfeln. Die Schnitzel waschen, trocken tupfen und in Streifen schneiden.

Öl in einer Pfanne erhitzen und das Fleisch rundherum kräftig anbraten. Champignons und Zwiebelwürfel zufügen, kurz mitbraten, mit Salz und Pfeffer würzen und aus der Pfanne nehmen. Die Butter im Bratöl schmelzen. Das Mehl zufügen und unter ständigem Rühren kurz anschwitzen. Kochwasser und Sahne nach und nach unter Rühren eingießen und ca. 10 Minuten köcheln lassen.

Währenddessen die Nudeln in kochendem Salzwasser 8–10 Minuten bissfest garen. Dann abgießen, kalt abschrecken und abtropfen lassen.

Brokkoli und Geschnetzeltes mit den Pilzen zur Sauce geben und abschmecken. Die Nudeln mit der Sauce auf einer Platte anrichten.

Tatjana Miers, Rosenheim

Schweinsgulasch

Für ca. 4 Personen:

750 g Schweinefleisch (mit
    viel Bindegewebe, z. B.
    Schulter, Hals)
Salz und Pfeffer aus der
    Mühle
30 ml Öl
1–2 Zwiebel
15 g edelsüßes
    Paprikapulver
80 ml Weißwein oder
    Brühe
15 g Tomatenmark
15 g Mehl
500 ml brauner Kalbsfond
    oder Brühe
Gulaschgewürze (z. B.
    Salz, Pfeffer, Knoblauch,
    Majoran, Kümmel,
    Zitronenzeste)

Schmortopf mit Deckel

Den Backofen auf 160 °C (Ober-/Unterhitze) vorheizen.

Das Fleisch parieren und in Würfel (ca. 30 g) schneiden, anschließend salzen und pfeffern. Öl im Schmortopf auf dem Herd erhitzen, Zwiebeln schälen, fein würfeln und andünsten. Das gewürzte Fleisch zugeben und mit dem Paprikapulver anbraten. Mit der Hälfte des Weißweins ablöschen und die Flüssigkeit reduzieren lassen. Mit dem restlichen Wein wiederholen. Das Tomatenmark zugeben, kurz anrösten, anschließend mit Mehl und Fond auffüllen. Den Deckel auf den Schmortopf geben und ca. 60 Minuten im Ofen schmoren lassen. Etwa 15 Minuten vor Ende der Garzeit die Gulaschgewürze nach Belieben zugeben.

Tipp: Zum Schweinsgulasch passen die Hauberlinge von Seite 43.

Bettina Vogl, VoglHof, Holzheim-Pessenburgheim

Geräucherter Schweinebraten

Für 4 Personen:

500 g geräuchertes
  Wammerl
  (Schweinebauch)
1 Gemüsezwiebel
2 Knoblauchzehen
Salz und Pfeffer aus der
  Mühle
Kümmel
750 g Kartoffeln
1 TL Tomatenmark
250 ml Fleischbrühe

Bräter

Den Backofen auf 225 °C (Ober-/Unterhitze) vorheizen.

Das geräucherte Fleisch in den Bräter geben. Zwiebel und Knoblauch schälen, klein schneiden und beides zufügen. Mit etwas Salz, Pfeffer und Kümmel würzen. Dann für ca. 60 Minuten in den Ofen schieben. Danach die Kartoffeln waschen, in Scheiben schneiden und zum Fleisch geben. Das Tomatenmark ebenfalls zufügen und den Bräter für weitere 60 Minuten in den Ofen stellen. Dabei die Fleischbrühe immer wieder über das Fleisch gießen und die Kartoffelscheiben mehrmals wenden.

Tipp: Zum geräucherten Schweinebraten passen Sauerkraut und Knödel.

Eleonore Steinhuber, Hofladen Steinhuber, Rotthalmünster

Bierpfandl

Für 4 Personen:

Öl zum Braten
2 Zwiebeln
4 EL gewürfelter Speck
600 g geschnetzelte
  Schweinelende
½ TL Thymian
500 ml Bier
500 ml Brühe
100 g Sahne
Salz und Pfeffer aus der
  Mühle

Das Öl in einer Pfanne erhitzen. Zwiebeln schälen und würfeln. Den Speck in die Pfanne geben, Lendenstücke und Zwiebelwürfel zufügen und kurz anbraten, dann mit Thymian würzen. Mit Bier aufgießen und einköcheln lassen. Zum Schluss mit Brühe und Sahne verfeinern und mit Salz und Pfeffer abschmecken.

Eleonore Steinhuber, Hofladen Steinhuber, Rotthalmünster

Fränkisches Schäufele

Für 4 Personen:

1,5 kg Schweineschulter
  mit Knochen und
  Schwarte
1 TL Kümmel
½ TL gemahlener
  schwarzer Pfeffer
½ TL getrockneter
  Majoran
1 Msp. frisch geriebene
  Muskatnuss
2 Knoblauchzehen
1 Bund Suppengrün
2 Zwiebeln
4 Nelken
1 TL Salz
2 Lorbeerblätter
1 kleiner Zweig Rosmarin
1 l heiße Fleischbrühe
200 ml helles oder
  halbdunkles Bier (kein
  Pils)

Das Fleisch waschen und trocken tupfen. Die Schwarte mit einem scharfen Messer rautenförmig einschneiden. Nicht ins Fleisch schneiden!

Den Kümmel im Mörser fein zerreiben. Pfeffer, Majoran, Muskat und 1 Knoblauchzehe zugeben. Alles zu einer Würzpaste verreiben. Das Fleisch (nicht die Schwarte) damit einreiben und abgedeckt über Nacht kühl stellen.

Den Backofen auf 250 °C (keine Umluft) vorheizen. Das Suppengrün waschen, putzen und in grobe Würfel schneiden. Zwiebeln schälen und mit je 2 Nelken spicken. 1 Knoblauchzehe schälen. Das Fleisch salzen und in einen flachen Bräter legen. Suppengrün, Lorbeer, Rosmarin und den Knoblauch um das Fleisch verteilen. Mit der heißen Brühe übergießen, bis das Suppengrün fast bedeckt ist. Im heißen Ofen (unten) 10 Minuten braten.

Die Temperatur auf 150 °C senken und das Schäufele etwa 4 Stunden garen. Das Fleisch dabei alle 30 Minuten mit dem Bratensaft übergießen. Darauf achten, dass die Flüssigkeit nicht vollständig verdampft. Bei Bedarf etwas heiße Fleischbrühe nachgießen, bis das Gemüse wieder fast bedeckt ist. Etwa 45 Min. vor Ende der Garzeit das Schäufele mit etwas Bier übergießen. 15 Minuten vor Ende der Garzeit wiederholen. Das Schäufele ist gar, wenn sich das Fleisch mit einem Messer leicht vom Knochen lösen lässt.

Das Schäufele herausnehmen, in Alufolie wickeln und warm stellen. Die Sauce durch ein Sieb in einen Topf gießen. Das Gemüse durch das Sieb streichen. Die Sauce nochmals mit Salz und Pfeffer abschmecken und kurz erhitzen. Das Schäufele in große Stücke teilen und mit der Sauce servieren. Dazu schmecken Klöße.

Thea Treuheit, Cadolzburg

Münchner Schnitzel

Für 4 Personen:

4 magere
   Schweineschnitzel
Salz und Pfeffer aus der
   Mühle
Meerrettisch, am besten
   frisch gerieben
Mehl
2 Eier
Semmelbrösel
3–5 EL Sonnenblumenöl

Die Schnitzel flach klopfen und gut mit Salz und Pfeffer würzen. Dick mit geriebenem Meerrettich bestreichen, anschließend in Mehl wenden und antrocknen lassen.

In einem tiefen Teller 2 Eier mit der Gabel verquirlen und die Schnitzel durchziehen. Dann in einem weiteren tiefen Teller mit den Semmelbröseln die Schnitzel wenden.

In einer Stielpfanne das Öl erhitzen (muss gut den Boden bedecken) und bei mittlerer Hitze die Schnitzel knusprig braten.

Tipp: Mit Kartoffelsalat und grünem Salat servieren.

Thea Treuheit, Cadolzburg

Asiatisches Wokgericht

Für 6–8 Personen:

2 EL Sojasauce
1 TL Currypulver
1 Msp. Chili
1 EL Senf
3 EL Honig
5 EL Essig
2 EL Öl
600 g Schweinefilet
2 EL Stärkemehl

Für das Gemüse:
4 EL Öl
1 Zwiebel
1 Knoblauchzehe
1 Karotte
400 g Kürbis (möglichst
    festfleischig)
1 rote Paprikaschote
1 gelbe Paprikaschote
1 kleine Stange Lauch
150 g Sojasprossen aus
    dem Glas
150 g Bambussprossen aus
    dem Glas
2 EL Süß-Sauer-Sauce

Wok

Die Sojasauce mit Curry, Chili, Senf, Honig, Essig und Öl in einem Schälchen mischen. Das Schweinefilet in 2 cm breite Würfel schneiden und in der Marinade wenden, mit Stärkemehl bepudern, bis die Fleischstücke von allen Seiten trocken sind. Dann die Marinade beiseitestellen.

Das Öl im Wok erhitzen. Zwiebel schälen und klein schneiden. Knoblauch abziehen und durch eine Presse drücken. Beides goldbraun rösten, das Fleisch zugeben und knusprig anbraten. Danach die Fleischstücke aus dem Wok nehmen und beiseitestellen.

Die Karotte und den Kürbis bei Bedarf schälen. Paprikaschote und Lauch putzen und gründlich waschen. Das Gemüse nach Belieben in Scheiben, Würfel, Streifen oder Röllchen schneiden und im Wok gar dünsten. Dann Sojasprossen und Bambussprossen zufügen. Die Filetstückchen mit dem Gemüse vermengen, die Marinade unterrühren und alles nochmals erhitzen. Zum Schluss mit der Süß-Sauer-Sauce abschmecken.

Tipp: Als Beilage zum asiatischen Wokgericht eignet sich sehr gut Basmatireis.

Walburga Loock, Hofgut Sickertshofen, Schwabhausen

Bauerngröstl

Für 4–6 Personen:

Für das Pilzgemüse:
250 g Pfifferlinge
1 mittlere Zwiebel
2 Knoblauchzehen
½ Stange Lauch
Öl
Salz und Pfeffer aus der
    Mühle
1 Prise frisch geriebene
    Muskatnuss

Für die Gröstl:
4–6 Semmel- oder
    Kartoffelknödel vom
    Vortag
etwas Butter zum Braten
4 Portionen Gebratenes
    vom Vortag (vom Enten-
    oder Schweinebraten)

Für die Sauce:
5 EL Sahne
1 EL Biersenf (körniger
    Senf)
½ Bund gehackte
    Petersilie zum Garnieren

Die Pfifferlinge putzen und gegebenenfalls halbieren. Zwiebel und Knoblauch abziehen und würfeln. Den Lauch waschen, putzen und in feine Ringe schneiden. Das Öl in einer Pfanne erhitzen und das Gemüse darin 2 Minuten anschwitzen. Die Pfifferlinge dazugeben und 3 Minuten mitdünsten. Anschließend mit Salz, Pfeffer und Muskat würzen. Dann das Gemüse beiseitestellen.

Knödel in Scheiben schneiden und in einer gefetteten Pfanne kross anrösten. Das Fleisch in mundgerechte Stücke schneiden und zu den Knödeln geben. Sahne mit Biersenf vermengen und zusammen mit dem Pilzgemüse unter das Gröstl mischen, mit Salz und Pfeffer abschmecken und mit Petersilie garnieren.

Tipp: Bei uns ist das Gericht eine hervorragende »Premium-Reste-Küche«, wenn es am Vortag Braten mit Knödel gab.

Lisana Hartl, Münchner Kind'l, Fürstenfeldbruck

Würstchengulasch

Für 4 Personen:

1 Gemüsezwiebel
3 EL Öl
250 g Champignons
2 EL Mehl
1 EL Currypulver
100 g TK-Erbsen
400 ml Brühe
4 Wiener Würstchen
100 g Mais (aus der Dose)
100 g Crème fraîche
Salz und Pfeffer aus der
  Mühle

Die Zwiebel abziehen, vierteln und in dünne Ringe schneiden. Das Öl in einer Pfanne erhitzen und die Zwiebelringe darin anschwitzen. Die Champignons putzen, in Scheiben schneiden und mit Mehl, Curry und Erbsen zu den Zwiebeln geben. Alles andünsten, dann mit der Brühe ablöschen und 10 Minuten zugedeckt kochen lassen. Die Würstchen in Scheiben schneiden und Mais und Crème fraîche zugeben. Alles noch mal aufkochen und mit Salz und Pfeffer abschmecken.

Tatjana Miers, Rosenheim

Bayern-Rolle

Für 4 Personen:

1 Ei
1 Pck. Blätterteig (aus dem
  Kühlregal)
300 g Zwiebelmettwurst
200 g geriebener Käse
  (z. B. Emmentaler)

Den Backofen auf 200 °C (Ober-/Unterhitze) vorheizen.
Eigelb und Eiweiß trennen. Den Blätterteig ausrollen und mit der Zwiebelmettwurst bestreichen, dabei einen schmalen Streifen auf einer der länglichen Seiten aussparen. Geriebenen Käse darauf verteilen und die Blätterteigplatte der Länge nach mit der bestrichenen Seite beginnend einwickeln. Den übrigen Streifen mit dem Eiweiß bepinseln und die Rolle so zusammenkleben. Dann die Oberfläche mit dem Eigelb bestreichen und nach Belieben mit der Gabel Muster eindrücken. Die fertige Rolle auf ein Backblech legen und ca. 15 Minuten im Ofen backen.

Tipp: Als Beilage kann ein gemischter Salat (S. 18) gereicht werden.

Andrea Hinterholzer, Achberghof, Eberfing

Wildkräuterknödel mit Speck an Rahmfenchel

Für 4–6 Personen:

Für die Knödel:
1 Pastinake
1 Urkarotte
etwas Milch
Salz
1 EL Sauerampfer
2 EL Giersch
2 EL kleiner
  Wiesenbärenklau
2 EL Spitzwegerich
1 EL echtes Labkraut
2 EL junge Brennnessel
1 EL gemahlene Pinienkerne
1 EL Walnuss- oder
  Haselnussöl, plus etwas
  mehr zum Braten
10 alte Semmeln
1 EL Blütensalz
4 Eier

Für den Rahmfenchel:
2–3 Fenchelknollen
2 EL Zitronensaft
1 EL Butter
1 Prise brauner Rohrzucker
½ Glas trockener Sekt oder
  trockener Weißwein
2 EL Schmand
150 g Sahne

Außerdem:
10–15 dünne Scheiben
  Räucherspeck (mind.
  6 Monate)
100–150 g fein geriebener
  Bergkäse (mind. 12 Monate)

Für die Knödel die Pastinake und die Urkarotte waschen und fein hacken. In einem Topf mit genügend Milch übergießen, sodass das Wurzelgemüse komplett bedeckt ist und zusammen mit einer Prise Salz einmal kurz aufkochen. Danach mindestens 30 Minuten ziehen lassen. Die kleingeschnittenen Wildkräuter, gemahlene Pinienkerne und Öl in einer Schüssel mischen. Semmeln in dünne Scheiben schneiden und mit Blütensalz und Eiern zugeben. Die Milch (nach Bedarf abseihen oder zusammen mit den Wurzeln) darübergießen und alles gut durchkneten. Es muss ein mittelfester, keinesfalls zu feuchter Teig entstehen. Eine Weile ziehen lassen, dann noch mal durchkneten und zu Knödeln formen. In einem großen Topf reichlich Salzwasser zum Kochen bringen und die Knödel in das Wasser geben. Dann die Hitze zurückschalten, die Knödel ca. 15 Minuten ziehen lassen und diese ab und an mit dem Kochlöffel bewegen. Für den Rahmfenchel die Fenchelknollen halbieren, vom harten Herz befreien, in feine Scheiben schneiden und sofort mit etwas Zitronensaft beträufeln, damit sie nicht braun werden. Butter in einem Topf zergehen lassen, den Fenchel zugeben, salzen und einen Deckel auflegen, damit er im eigenen Saft dünsten kann. Wenn der Fenchel fast gar ist (er sollte noch etwas Biss haben) mit einer Prise Rohrzucker würzen und mit einem Schuss Sekt ablöschen, sodass ein wenig Sauce entsteht. Das Ganze etwas reduzieren lassen und kurz vor dem Servieren mit Schmand und Sahne binden – nicht mehr aufkochen, nur erhitzen und mit den Knödeln servieren. Nebenher den Speck oder Schinken in feine Streifen schneiden und in etwas Nussöl leicht glasig anbraten, vom Herd nehmen und warm halten. Den Bergkäse wie Parmesan reiben.

Sobald die Knödel fertig sind, abseihen und sofort mit Specköl übergießen, mit dem Käse bestreuen und zusammen mit dem Rahmfenchel servieren.

Johanna Bär, Schochenhof, Ottobeuren

Kartoffelplotz

Für 1 Blech:

10 g frische Hefe
8 g Salz
500 g Weizenmehl
    (Type 550), plus etwas
    mehr zum Bestäuben
Öl zum Einfetten

Für den Belag:
Thymian, Rosmarin, Salbei
    oder andere Kräuter
100 g Crème fraîche oder
    4 EL Olivenöl
Salz und Pfeffer aus der
    Mühle
1 Prise frisch geriebene
    Muskatnuss
ca. 500 g kleine neue
    Kartoffeln
100 g Dörrfleisch
    (magerer, geräucherter
    Speck, am besten schon
    etwas trocken)
eine Handvoll
    Walnusskerne
150 g Rohmilchkäse (am
    besten ein nicht zu
    kräftiger Bergkäse)

300 ml kaltes Wasser bereitstellen. In einer Schüssel Hefe und Salz in ein wenig Wasser auflösen, dann das restliche Wasser zufügen und das Mehl dazusieben. Rasch zu einem Teig verkneten. Den Teig mit der Hand einige Minuten kräftig bearbeiten, bis er glatt und geschmeidig ist. Den Hefeteig zugedeckt mindestens 2 Stunden gehen lassen. Das Volumen muss sich verdoppeln oder auch verdreifachen. Ein Backblech einfetten, den aufgegangenen Teig leicht mit Mehl bestäuben und auf dem Blech ausrollen, bis das Blech gleichmäßig und komplett bedeckt ist. Den Backofen auf 200 °C (Ober-/Unterhitze) vorheizen. Derweil die Kräuter waschen, trocken tupfen, klein schneiden und in ein Schälchen füllen. Mit Crème fraîche mischen und mit Salz, Pfeffer und Muskat würzen. Die Masse mithilfe eines Teigschabers vorsichtig auf dem Teig verteilen. Die Kartoffeln waschen und mit Schale in 1–2 mm dünne Scheiben schneiden. Auf den Belag schichten, sodass sich die Scheiben leicht überlappen. Mit dem Dörrfleisch genauso verfahren. Die gehackten Walnusskerne und den geriebenen Käse über die Kartoffeln geben. Im Ofen für etwa 30 Minuten backen.

Tipp: Zu dem Kartoffelplotz passt ein gemischter Salat.

Dirk Speicher, Essensfreuden, Egglkofen

Krautkrapfen

Für 6–8 Personen:

Für den Teig:
250 g Mehl
Salz
2 Eier
½ EL Öl

Für die Füllung:
150–200 g
   durchwachsener roher
   Speck
2 Zwiebeln
70 g Butter, plus mehr
   zum Braten
680–720 g Sauerkraut
etwas Kümmel
Schnittlauchröllchen zum
   Garnieren

Für den Teig das Mehl in eine Schüssel sieben. Salz, Eier und Öl zufügen. Mit 3–4 EL Wasser zu einem geschmeidigen Teig verarbeiten und ca. 15 Minuten ruhen lassen.

Für die Füllung den Speck und die geschälten Zwiebeln würfeln. Butter in einer Pfanne zerlassen, ein wenig flüssige Butter beiseitestellen und erst den Speck bräunen, dann die Zwiebeln zugeben und glasig dünsten. Kraut untermischen und mit Kümmel abschmecken.

Dann den Nudelteig dünn ausrollen und die Krautfüllung gleichmäßig auf der Teigplatte verteilen. Ein wenig flüssige Butter darüberträufeln, die Kanten einschlagen, aufrollen und in etwa 5 cm lange Stücke schneiden.

Restliche Butter in einem Topf erhitzen und Krautkrapfen darin leicht anbräunen. 1 TL heißes Salzwasser darübergießen und bei mittlerer Hitze zugedeckt ca. 30–40 Minuten aufziehen lassen. Dann servieren, mit heißer Butter abschmelzen und mit Schnittlauch garnieren.

Lydia Wegele, Gasthof Wegele, Dießen-Obermühlhausen

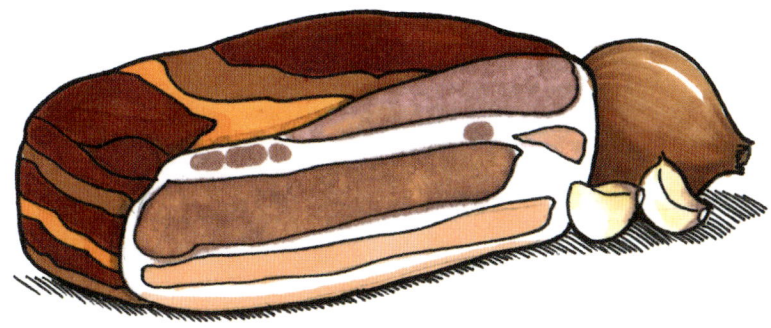

Spargel-Pizza

Für 1 Blech:

Für den Hefeteig:
350 g Mehl
½ Würfel frische Hefe
25 g Öl
1 TL Salz
1 Prise Zucker

Für den Belag:
500 g dünner weißer
　Spargel
500 g dünner grüner
　Spargel
200 g Speck
1 EL Butterschmalz
400 g Pizzatomaten
150 g geriebener
　Emmentaler
Pizzagewürz
Salz und Pfeffer aus der
　Mühle

Das Mehl in eine Schüssel sieben und eine Mulde eindrücken. Hefe in 200 ml lauwarmem Wasser auflösen und in die Mulde geben. Öl, Salz und Zucker auf dem Mehlrand verteilen. Dann die Zutaten langsam vom Rand her miteinander vermischen. Den Hefeteig zugedeckt an einem warmen Ort gehen lassen, bis er sich in etwa verdoppelt hat.

Den Backofen auf 200 °C (Ober-/Unterhitze) vorheizen.

Den weißen Spargel schälen, beim grünen Spargel nach Belieben das untere Drittel schälen und alles in kleine Stücke schneiden. Speck würfeln. Butterschmalz in einer Pfanne erhitzen, Speck und Spargelstücke anbraten. Den Hefeteig auf einem mit Backpapier ausgelegten Backblech ausrollen. Die Tomaten auf dem Teig verteilen, Speck und Spargel daraufgeben und mit Käse bestreuen. Mit Pizzagewürz, Salz und Pfeffer würzen. Die Pizza im Ofen ca. 15 Minuten backen, bis der Käse zerlaufen und leicht angebräunt ist.

Elisabeth Zott, Spargelhof Zott, Fischach

Bärlauch-Pizza

Für 4 Personen:

Für den Pizzateig:
350 g Weizenmehl
1 Pck. Trockenhefe
1 TL Zucker
½ TL Salz

Für den Belag:
200 g Crème fraîche
2–3 Handvoll
    Bärlauchblätter
200 g gekochter Schinken
Salz und Pfeffer aus der
    Mühle
200 g geriebener Gouda

Mehl in eine Rührschüssel sieben und mit der Trockenhefe sorgfältig vermischen. Zucker, Salz und 200 ml warmes Wasser zufügen. Die Zutaten mit einem Handrührgerät und Knethaken kurz auf niedrigster, dann auf höchster Stufe zu einem glatten Teig verarbeiten. Den Hefeteig zugedeckt an einem warmen Ort ca. 1 Stunde gehen lassen, bis sich das Volumen verdoppelt hat.

Backofen auf 200 °C (Ober-/Unterhitze) vorheizen.

Den Teig dünn auf einem mit Backpapier ausgelegten Blech ausrollen und Crème fraîche darauf verstreichen. Die Bärlauchblätter waschen, trocken schütteln und klein schneiden, gekochten Schinken würfeln und beides auf der Crème fraîche verteilen. Die Pizza leicht salzen und pfeffern und den Gouda gleichmäßig darübergeben. Im Ofen ca. 20 Minuten backen, bis der Käse zerlaufen und leicht angebräunt ist.

Gisela Hafemeyer, Gisela's Kräuterstadl, Andechs

Bauern-Quiche

Für 4–6 Personen:

Für den Teig:
150 g Mehl
50 g weiche Butter, plus
    etwas zum Einfetten
1 Ei
1 Msp. Salz
500 g Hülsenfrüchte
    (z. B. Erbsen) zum
    Blindbacken

Für die Füllung:
120 g Emmentaler
4 Frühlingszwiebeln
150 g gekochter Schinken
4 Eier
250 g Sahne
2 EL körniger Senf
Salz und Pfeffer aus der
    Mühle
1 Prise Paprikapulver
1 Prise frisch geriebene
    Muskatnuss
Schnittlauchröllchen zum
    Garnieren

Springform (26 cm Ø)

Das Mehl in eine Schüssel sieben. Butter, Ei und Salz zugeben und die Zutaten zu einem Mürbeteig verkneten. In Frischhaltefolie wickeln und 1 Stunde im Kühlschrank ruhen lassen.

Den Backofen auf 180 °C (Ober-/Unterhitze) vorheizen.

Die Springform einfetten, den Teig ausrollen und die Form damit auskleiden. Dann mehrfach mit einer Gabel einstechen, mit Backpapier bedecken und die Hülsenfrüchte auf dem Boden verteilen. Den Teig im Ofen 10–12 Minuten backen, herausnehmen und die Hülsenfrüchte und das Backpapier entfernen.

Für die Füllung den Käse grob in eine Schüssel reiben. Frühlingszwiebeln waschen und in Ringe, Schinken in Würfel schneiden. Alles miteinander vermischen und auf dem Teigboden verteilen. Eier, Sahne, Senf, Salz, Pfeffer, Paprikapulver und Muskat verrühren. Dann gleichmäßig über die Käse-Schinkenmischung geben und erneut 40–45 Minuten backen. Fertige Bauern-Quiche aus dem Ofen nehmen und mit Schnittlauchröllchen garnieren.

Lisana Hartl, Münchner Kind'l, Fürstenfeldbruck

Herzhafte Schinken-Käse-Muffins

Für 12 Muffins:

200 g Mehl
1 Pck. Backpulver
1 TL Natron
Salz und Pfeffer aus der
    Mühle
1 TL süßes Paprikapulver
180 g geriebener Käse
½ Knoblauchzehe
2 Zwiebeln
160 g gekochter Schinken
1 Bund Schnittlauch
60 g zerlassene Butter,
    plus etwas mehr zum
    Fetten
2 Eier
150 g Joghurt

12 Silikon-Muffinformen

Den Backofen auf 160°C (Ober-/Unterhitze) vorheizen.

Mehl und Backpulver zusammen in eine Schüssel sieben und Natron, Salz, Pfeffer, Paprikapulver sowie 140 g des geriebenen Käses hinzufügen. Den Knoblauch schälen, durch eine Presse drücken und hinzufügen. Die Zwiebeln schälen und klein würfeln, den Schinken in Streifen schneiden, den Schnittlauch waschen, trocken schütteln und fein hacken, einige Schnittlauchröllchen beiseitestellen. Den Rest ebenfalls beimengen. Die Butter in einer Pfanne zerlassen, mit Eiern und Joghurt mischen und das Mehlgemisch unter die Masse rühren. Die Formen einfetten und den Teig einfüllen, mit dem restlichen Käse bestreuen und im Ofen ca. 30 Minuten goldbraun backen. Danach mit den restlichen Schnittlauchröllchen garnieren.

Tipp: Die Muffins schmecken warm und kalt und sind gut geeignet für ein Picknick oder zum Mitnehmen für Feste. Die Zutaten können je nach Geschmack variiert werden, z. B. mit Salami, Lauchzwiebeln oder Rucola. Aus Silikon-Formen lassen sich die Muffins leichter lösen als aus Papierformen, es kann aber auch ein Muffinblech mit Papierförmchen verwendet werden.

Claudia Gasteiger, Maisingerhof, Günding

Antjes Weißkohlpfanne

Für 6–8 Personen:

125 g Rosinen
1 ½ Tassen Reis
Salz
1 kleiner Weißkohl
600 g Hackfleisch
2 EL Margarine
2 EL Currypulver
etwas Salz und Pfeffer aus
   der Mühle
2 EL Speisewürze
340 g Dosenananas mit
   Saft
1 Handvoll gehackte Nüsse

Die Rosinen in Wasser einweichen. Den Reis in der doppelten Menge Salzwasser kochen, bis das Wasser komplett aufgesogen ist. Den Weißkohl entstrunken, klein schneiden und waschen. Die Margarine in einer Pfanne erhitzen und das Hackfleisch darin anbraten, dabei mit einem Kochlöffel in kleine Stücke zerstoßen. Den Kohl zufügen und mit andünsten, dann mit Curry, Salz, Pfeffer sowie Speisewürze abschmecken. Alles braten, bis das Fleisch schön angebräunt ist, dann bei geringer Hitze 20 Minuten weitergaren.

Die Ananas über einer Schüssel abgießen, abtropfen und klein schneiden. Die Rosinen abgießen.

Reis, Rosinen, Ananas mit Saft und Nüsse zur Fleisch-Kohl-Mischung in die Pfanne geben, alles kräftig umrühren, nochmals erwärmen, dann servieren.

Tipp: Zu der Weißkohlpfanne schmeckt ein Rohkostsalat.

Tatjana Miers, Rosenheim

Gemüse-Schinken-Strudel à la Christa

Für 6 Personen:

Für den Strudelteig:
500 g Mehl
1 Prise Salz
40 g weiche Butter
1 EL Öl
1 Ei

Für die Füllung:
400 g würziger Käse (z. B.
   Bergkäse)
400 g gekochter Schinken
4 große Zwiebeln
Butterschmalz zum
   Braten
Salz und Pfeffer aus der
   Mühle
1 Prise frisch geriebene
   Muskatnuss
etwas Kümmel
8 Eier
2,5 kg Gemüse
   der Saison (z. B.
   Kartoffeln, Karotten,
   Paprikaschote, Sellerie,
   Zucchini, Kohl,
   Wirsing, Lauch, grüne
   Buschbohnen, Brokkoli)
500 ml Milch

Das Mehl in eine Schüssel sieben, Salz, Butter, Öl und Ei zugeben und mit 125 ml lauwarmem Wasser zu einem Teig verkneten.

Für die Füllung Käse und Schinken würfeln und vermengen. Die Zwiebeln schälen und fein hacken. Butterschmalz in einer Pfanne zerlassen und Zwiebeln darin goldbraun anbraten. Mit Salz, Pfeffer, Muskat und Kümmel würzen. 4 Eier verquirlen, die restlichen 4 Eier trennen und das Eiweiß dazurühren, dann die Eimasse zur Käse-Schinken-Zwiebel-Masse geben. Das Eigelb beiseitestellen. Gemüse nach Bedarf waschen, putzen oder schälen. Kartoffeln, Karotten, Paprika, Sellerie und Zucchini in Würfel, Kohl und Wirsing in Streifen und Lauch in Ringe schneiden. Bohnen einmal brechen, Brokkoli in Röschen teilen.

Den Backofen auf 170 °C (Ober-/Unterhitze) vorheizen.

Das Gemüse in einem Topf blanchieren bis es weich ist, dann gut abtropfen lassen und mit der übrigen Füllung vermengen. Den Teig flach ausrollen, die Gemüsefüllung darauf verteilen, einwickeln und auf ein Backblech legen. Die Eigelbe verquirlen und den Strudel damit bestreichen. Die Milch mit auf das Blech gießen und im Ofen auf der mittleren Schiene ca. 1 Stunde backen. Danach in 6 Portionen teilen.

Tipp: Der Gemüsestrudel kann als Hauptgericht oder als Beilage zum Sonntagsbraten gegessen werden. Ungebacken und ohne Eigelbglasur lässt sich der Strudel gut einfrieren (ohne Geschmacksverlust 3 Monate in der Gefriertruhe haltbar).

Christa Laubhart, Hofladen Laubhart, Taufkirchen

Lauchkuchen

Für 4 Personen:

Für den Teig:
250 g Dinkelvollkornmehl
1 TL Backpulver
100 g weiche Butter, plus
    etwas zum Einfetten
100 g Quark
1 TL Salz

Für den Belag:
400 g Lauch
1 EL Öl
200 g Gouda
200 g roher Schinken
200 g Sahne oder Milch
4 Eier
½ TL Kräutersalz
1 Msp. Pfeffer aus der
    Mühle
1 Msp. frisch geriebene
    Muskatnuss
1 Bund frische Kräuter

Springform (26–28 cm Ø)

Den Backofen auf 150 °C (Ober-/Unterhitze) vorheizen. Mehl und Backpulver mischen und in eine Schüssel sieben. Butter, Quark und Salz zufügen und alles zu einem geschmeidigen Teig verarbeiten. Den Teig in die gefettete Form drücken, am Rand hochziehen und ca. 20 Minuten im Ofen backen.

Für den Belag den Lauch putzen und in Ringe schneiden. Das Öl mit 100 ml Wasser mischen, in einer Pfanne erhitzen und den Lauch kurz andünsten. Käse und Schinken sehr klein würfeln. Sahne in einer Schüssel mit Eiern, Salz, Pfeffer und Muskat verquirlen, Käse und Schinken unterheben. Den Lauch auf dem Kuchen verteilen, dann die Eimasse darübergießen. Die Kräuter waschen, trocken tupfen, klein schneiden, über den Kuchen streuen und nochmals 50–60 Minuten im Ofen backen.

Tipp: Den Lauchkuchen mit grünem oder gemischtem Salat servieren.

Edeltraud Melzl-Butz, Biohof Butz, Rottenburg an der Laaber

Beinwellschnitzel

Für 4 Personen:

8 Beinwellblätter
2 Scheiben gekochter
    Schinken
2 Scheiben Butterkäse
1 Ei
1 EL Sahne
Semmelbrösel
etwas Sonnenblumenöl
    zum Ausbacken

Zahnstocher

Die Beinwellbläter waschen und die dicken Blattrippen mit dem Messerrücken flach klopfen oder drücken.

Die Hälfte der Blätter mit je einer halben Scheibe Schinken und einer halben Scheibe Butterkäse belegen, mit den restlichen Blättern abdecken und mit einem Zahnstocher fixieren. Ei und Sahne vermengen und die Beinwellschnitzel darin wenden, anschließend in Semmelbröseln panieren. Öl in einer Pfanne erhitzen und die Schnitzel 2–3 Minuten darin braten, bis sie goldbraun und knusprig sind.

Gisela Hafemeyer, Gisela's Kräuterstadl, Andechs

Blumenkohl-Auflauf

Für 4 Personen:

1 großer Blumenkohl
Salz
2 EL Öl
250 g Makkaroni
400 g mageres Kasseler
   Kotelett oder gekochter
   Schinken
375 ml Gemüse- oder
   Fleischbrühe
30 g Butter oder
   Margarine, plus etwas
   mehr zum Einfetten
30 g Mehl
1 Ecke Sahne-Schmelzkäse
1 Prise frisch geriebene
   Muskatnuss

flache, feuerfeste Form

Den Backofen auf 225 °C (Ober-/Unterhitze) vorheizen. Den Blumenkohl putzen, in Röschen zerteilen und 15 Minuten in 500 ml gesalzenes Wasser legen. Dann gründlich abspülen, Salzwasser in einem Topf zum Kochen bringen und 15 Minuten garen. In einem weiteren Topf nochmals Salzwasser aufkochen, Öl zugeben, die Makkaroni in Stücke brechen und etwa 12 Minuten bissfest kochen. Anschließend Blumenkohl und Makkaroni abtropfen lassen. Das Kasseler vom Knochen lösen und in 2 cm große Würfel schneiden. Die Form einfetten und Blumenkohl, Makkaroni und Kasselerwürfel einschichten. Brühe erhitzen, die Butter in einer Pfanne zerlassen, das Mehl darin anschwitzen und unter Rühren die heiße Brühe zugießen. Die Sauce kurz aufkochen lassen. Den Schmelzkäse würfeln, zufügen und erweichen lassen. Die Käsesauce mit Salz und Muskat abschmecken und über die Blumenkohl-Makkaroni-Mischung geben. Die Form in den Ofen schieben und ca. 10 Minuten überbacken, bis die Oberfläche leicht gebräunt ist.

Tipp: Zum Blumenkohl-Auflauf passt ein leichter Landwein.

Babette Wolf, Neumarkt in der Oberpfalz

Krautwickel

Für 4 Personen:

1 mittelgroßer Kopf
   Weißkraut
Salz
500 g Hackfleisch
1 Zwiebel
Öl oder Fett zum Braten
1 altbackene Semmel
1 Ei
1 Prise getrocknete
   Petersilie
1 Prise getrockneter
   Thymian
etwas getrocknetes
   Basilikum
Salz und Pfeffer aus der
   Mühle
250 ml Gemüsebrühe
Petersilie zum Garnieren

Küchengarn

Die Krautblätter vom Krautkopf ablösen, waschen und 5 Minuten in sprudelndem Salzwasser leicht weich kochen, dann abtropfen lassen. Hackfleisch in eine Schüssel füllen. Zwiebel schälen und klein würfeln. Öl in einer Pfanne erhitzen, die Zwiebelwürfel glasig dünsten und zum Fleisch geben. Die Semmel fein dazureiben. Das Ei, die Kräuter sowie 1 TL Salz und Pfeffer der Masse zufügen. Diese mit den Händen gut verkneten und einen Fleischteig herstellen. Portioniert auf die Krautblätter geben, die Ränder einschlagen, aufrollen und mit Küchengarn fest verschnüren. Etwas Fett in der Pfanne erhitzen und die Krautwickel beidseitig anbraten. Dann mit der Brühe aufgießen und 30 Minuten mit Deckel auf dem Herd schmoren lassen. Fertige Krautwickel mit Petersilie garnieren und servieren.

Lydia Wegele, Gasthof Wegele, Dießen-Obermühlhausen

Winzertopf

Für 4 Personen:

30 g Butterschmalz
600 g Rindfleisch (z.B.
   Schulter)
300 g Kartoffeln
1 Zwiebel
400 g Weißkraut
200 g Karotten
200 g Sellerie
1 Stange Lauch
1 Bund Petersilie
1 Glas trockener
   fränkischer Rotwein
   (z.B. Domina)
1 l Fleischbrühe
Salz, Pfeffer

Schmalz in einem Topf erhitzen und das in Würfel geschnittene Fleisch 5 Minuten anbraten. Die fein gehackten Zwiebeln dazugeben und goldgelb anbraten. Anschließend mit dem Rotwein ablöschen. Das geputzte und klein geschnittene Gemüse dazugeben und alles mit Fleischbrühe aufgießen. Würzen und etwa eine Stunde bei 180 °C schmoren.
Die geschälten und in Würfel geschnittenen Kartoffeln 10 Minuten vor Ende der Garzeit hinzugeben. Beim Anrichten mit Petersilie garnieren.

Ute Hofmann, Volkach

Kartoffelroulade

Für 6 Personen:

Für den Kartoffelteig:
1 kg Kartoffeln
150 g Mehl
1 Ei
Salz
1 Prise frisch geriebene
    Muskatnuss

Für den Fleischteig:
1 Zwiebel
250 g Hackfleisch
1 Ei
2 EL Semmelbrösel
1 EL gehackte Petersilie
1 TL Majoran
1 Prise frisch geriebene
    Muskatnuss
Salz und Pfeffer aus der
    Mühle
Fett zum Ausbacken

Kartoffelpresse

Die Kartoffeln kochen, pellen und durch eine Kartoffelpresse treiben. Die Masse abkühlen lassen, Mehl dazusieben und mit Ei, Salz und Muskat gut verkneten. Den Teig etwa 1 cm dick ausrollen.

Für den Fleischteig die Zwiebel schälen und fein würfeln und mit Fleisch, Ei und Semmelbröseln mischen. Petersilie, Majoran, Muskat, Salz und Pfeffer zufügen und alles gut vermengen. Die Fleischmasse auf dem Kartoffelteig gleichmäßig verteilen und aufwickeln. Die Rolle in etwa 1 cm breite Scheiben schneiden. Fett in der Pfanne erhitzen und die Rouladen von beiden Seiten ausbraten.

Tipp: Zu der Kartoffelroulade passt ein gemischter Salat.

Silvia Hartmann, Hartmannhof, Altenstadt-Bergenstetten

Kartoffel-Hackfleisch-Eintopf

Für 8–10 Personen:

etwas Öl zum Braten
1 Zwiebel
500 g Hackfleisch
1 kg Kartoffeln
250 g Karotten
250 g Sellerie
1 rote Paprikaschote
1,5 l Gemüsebrühe
2 EL Tomatenmark
Salz und Pfeffer aus der
    Mühle
etwas Petersilie oder
    Majoran
200 g Sauerrahm oder
    Schmand

Öl in einem Topf erhitzen. Die Zwiebel schälen, klein schneiden und mit dem Hackfleisch darin anbraten. Kartoffeln, Karotten und Sellerie schälen und würfeln. Paprikaschote waschen, Kerngehäuse und Trennwände entfernen und stückeln. Das Gemüse ebenfalls in den Topf geben und mit der Brühe aufgießen. Tomatenmark zugeben, mit Salz, Pfeffer und Petersilie würzen und ca. 30 Minuten weich köcheln. Am Schluss den Sauerrahm einrühren und abschmecken.

Christine Wagner, Hofladen Etzlberg, Gachenbach

Risollen

Für 5–6 Personen:

Für die Pfannkuchen:
250 g Mehl
3 Eier
500 ml Milch
1 Prise Salz
Butterschmalz oder Fett
    zum Ausbacken

Für die Füllung:
1 Zwiebel
300 g Hackfleisch
1 Bund Petersilie
Salz und Pfeffer aus der
    Mühle
1 Prise frisch geriebene
    Muskatnuss

Für die Panade:
1 Ei
Semmelbrösel
Butterschmalz oder Fett
    zum Ausbacken

Pfannkuchen können gut am Vortag zubereitet werden. Dafür das Mehl in eine Schüssel sieben, mit den Eiern, der Milch und Salz zu einem glatten Teig rühren. Den Teig 20–30 Minuten quellen lassen. In einer großen Pfanne etwas Butterschmalz erhitzen und bei mittlerer Hitze 5–6 dünne Pfannkuchen ausbacken.

Für die Füllung die Zwiebel schälen und möglichst fein würfeln und mit dem Hackfleisch mischen. Petersilie waschen, trocken tupfen, klein schneiden und zu der Fleischmasse geben, mit Salz, Pfeffer und Muskat würzen. Alle Zutaten gut vermengen und gleichmäßig auf die Pfannkuchen streichen. Anschließend die Pfannkuchen eng zusammenrollen und in der Mitte teilen. Ei und Semmelbrösel auf separaten Tellern vorbereiten. Die Rollen erst im Ei wenden und dann mit den Semmelbröseln panieren. Butterschmalz in einer Pfanne erhitzen und die Rollen vorsichtig goldgelb backen, bei zu heißem Fett wird die Panade schnell dunkelbraun.

Tipp: Übrig gebliebene Pfannkuchen eignen sich beispielsweise als Suppeneinlage.

Zu den Risollen schmeckt ein lauwarmer Bratkartoffelsalat (S. 23), nach Belieben können auch noch weitere Salate gereicht werden.

Julia Glaß, Neumarkt in der Oberpfalz

G'schling nach Großmutters Art (Innereien)

Für 4–5 Personen:

2 Brühwürfel
250 g Schweineherz
250 g Lunge
250 g Zunge
250 g Nieren
250 g Kronfleisch
1 große Gemüsezwiebel
Salz und Pfeffer aus der
    Mühle
10 Nelken
6 Wacholderbeeren
3 Lorbeerblätter
5 Pimentkörner
1 Prise Zimt
3 EL Mehl
2 EL Zucker
10 ml Essig

Brühwürfel in einem Topf mit 750 ml Wasser auflösen, Innereien und Fleisch hineinlegen. Die Zwiebel schälen, in grobe Stücke schneiden und ebenfalls zugeben. Salz, Pfeffer, Nelken, Wacholderbeeren, Lorbeerblätter, Pimentkörner und Zimt zufügen. Bei mittlerer Hitze ca. 1 ½ Stunden köcheln lassen, damit die Innereien weich werden. Die Lunge könnte etwas früher gar sein. Dann Mehl in einem Topf rösten, bis es braun ist, abkühlen lassen und mit Fond aufgießen. Die Innereien in mundgerechte Stücke schneiden, zu der Flüssigkeit geben und erneut aufkochen lassen. Mit Zucker und Essig süß-säuerlich abschmecken.

Roland Gläßl, Wirtshaus Gläßl im Gut, Wunsiedel

Kaffeegulasch

Für 6–8 Personen:

1 kg Schweinegulasch
50 g Butter
200 ml starker Kaffee
400 g Sahne
200 g passierte Tomaten
4 cl Aquavit
    (Kümmelschnaps)
2 TL Salz
Pfeffer aus der Mühle

Das Gulasch trocken tupfen. Die Butter in einem Topf erhitzen und das Fleisch portionsweise darin anbraten. Kaffee, Sahne, passierte Tomaten und Aquavit zugeben. Mit Salz und Pfeffer würzen und das Gulasch ca. 1 Stunde köcheln lassen.

Tipp: Als Beilage eignen sich Baguette oder Kartoffeln.

Renate Rothascher, Stadeln

Ein-Pfund-Topf

Für 8–10 Personen:

500 g Hackfleisch
500 g Schweinegulasch
500 g Rindergulasch
500 g ganze oder geschälte
  Tomaten (aus der Dose)
500 g rote oder grüne
  Bohnen (aus der Dose)
500 g Zwiebeln
je 500 g rote und grüne
  Paprikaschoten
500 g Cabanossi
500 g Fleischwurst (nach
  Belieben)

Für die Sauce:
250 ml Schaschlik- oder
  Zigeuner-Sauce
500 ml Ketchup
200 g Sahne
Salz und Pfeffer aus der
  Mühle
Paprikapulver

*großer Bräter oder Topf mit
Deckel*

Den Backofen auf 200 °C (Ober-/Unterhitze) vorheizen.

Das Fleisch und die Dosenware in den Bräter schichten. Die Zwiebeln schälen. Die Paprikaschoten waschen, Kerngehäuse und Trennwände entfernen. Das Gemüse und die Wurst in Stücke oder Scheiben schneiden, dann ebenfalls der Reihe nach in den Bräter geben. Schaschlik-Sauce, Ketchup und Sahne in einer Schale vermengen. Mit Salz, Pfeffer und Paprikapulver würzen. Dann die Sauce über Fleisch und Gemüse verteilen. Den Deckel auf den Bräter geben und 2 Stunden im Ofen garen lassen.

Babette Wolf, Neumarkt in der Oberpfalz

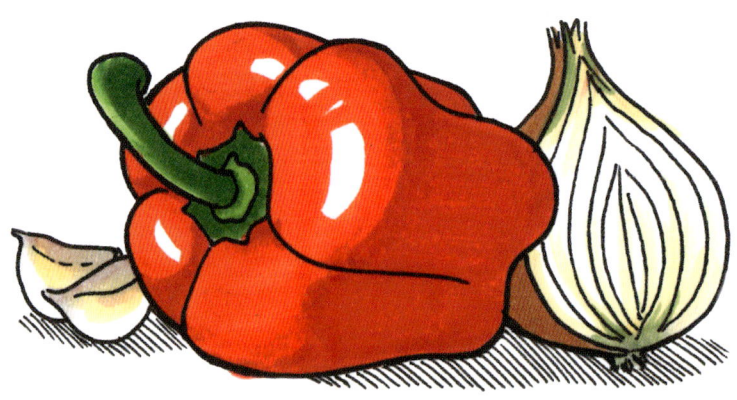

Kalbsbraten oder Kalbshaxe

Für 4 Personen:

1 kg Kalbfleisch (Nuss,
  Hüfte, Schulter) oder
1 Kalbshaxe mit 1,5 kg
Saft von 1 Zitrone
Salz, Pfeffer
125 g Butter
4 Scheiben Speck oder
  geräuchertes Bündle
¼ Sellerieknolle
2 Karotten
2 Zwiebeln
1 Knoblauchzehe
1 l Kalbsfond
250 ml Sahne
1 TL Mehl
250 ml Weißwein
2 EL Sojasauce

Das Fleisch mit Zitronensaft einreiben und mit Salz und Pfeffer würzen. Die Butter schmelzen lassen. Sellerie und Karotten schälen und putzen. Zwiebeln und Knoblauch schälen. Alles Gemüse in Würfel schneiden. Den Backofen auf 150 ℃ (keine Umluft) vorheizen.

Das Fleisch mit den Speckscheiben umwickeln und in einen Bräter legen. Mit flüssiger Butter übergießen. Die Gemüsewürfel um das Fleisch verteilen und den Kalbsfond angießen. Im heißen Backofen 2–3 Stunden weich schmoren.

Den Kalbsbraten herausnehmen, in Scheiben schneiden und in eine Auflaufform legen. Im Ofen bei 100 ℃ warm stellen. Den Bratfond aus dem Bräter durch ein Sieb in einen Topf gießen. Das Gemüse durch das Sieb streichen. Sahne und Mehl miteinander verquirlen und mit einem Schneebesen einrühren. Die Sauce kurz aufkochen lassen. Weißwein und Sojasauce einrühren. Mit Zitronensaft, Salz und Pfeffer abschmecken.

Das Fleisch mit der Sauce übergießen und noch 15 Minuten bei 150 ℃ im Backofen ziehen lassen.

Tipp: Dazu passen Klöße (s. S. 37) und roher Selleriesalat (s. S. 24).

Thea Treuheit, Cadolzburg

Saure Lunge

Für 4 Personen:

800 g Kalbslunge
   (küchenfertig vom
   Metzger)
1 Bund Suppengrün
etwas Petersilie
1 Zwiebel
1 TL Salz
5 Pfefferkörner
3 Lorbeerblätter
4 EL Weinessig
2 EL Butter
1 EL Mehl
1 TL Zitronensaft
3 EL Weißwein
2 Msp weißer Pfeffer
0,5 TL Salz
125 ml saure Sahne

Zuerst die Kalbslunge gründlich mit kaltem Wasser waschen.

Das Suppengrün putzen und in grobe Stücke schneiden. Die Petersilie waschen, trocknen und anschließend fein hacken. Die Zwiebel schälen und achteln.

1,5 Liter Salzwasser mit Pfefferkörnern, Lorbeerblättern, Essig, Zwiebel und dem Suppengrün zum Kochen bringen. Die Lunge hinzugeben und diese 1 Stunde weichkochen, dabei die Lunge mit einem kleineren Topfdeckel beschweren, damit sie nicht schwimmt.

Danach die Lunge herausnehmen, abtropfen lassen und mit einem schweren Schneidebrett bedecken und erkalten lassen. Anschließend können Sie die Lunge in dünne Streifen schneiden.

Einen knappen halben Liter vom Kochsud durchseihen. Butter in eine Pfanne geben und darin das Mehl unter Rühren hellgelb anbraten. Anschließend nach und nach den Kochsud zugießen.

Danach die Sauce unter Rühren 10 Minuten kochen und mit Zitronensaft, Wein, Pfeffer und Salz abschmecken.

Dann die in Streifen geschnittene Lunge hinzugeben und alles noch weitere 15 Minuten köcheln lassen. Zum Schluss die saure Sahne unterrühren.

Tipp: Dazu passen Semmelknödel (S. 35) oder Kartoffelbrei.

Thea Treuheit, Cadolzburg

Omas Würstlbraten

Für 4–6 Personen:

750 g–1 kg Rindfleisch
    aus der Keule
6 geräucherte Wiener
    Würstchen
1 EL scharfer Senf
Salz und Pfeffer aus der
    Mühle
4 EL Öl zum Braten
4 Karotten
2 Zwiebeln
750 ml–1 l Fleisch- oder
    Gemüsebrühe
250 g Sahne

Schmortopf mit Deckel

In das Fleisch mithilfe eines Messers 6 Löcher in Größe der Wiener bohren, dann die Würste hineinstecken. Den Braten mit Senf einreiben und mit Salz und Pfeffer würzen. Dann im heißen Öl rundum anbraten.

Karotten und Zwiebeln schälen und die Zwiebeln vierteln. Beides in den Schmortopf geben und mit anbraten. Mit Brühe aufgießen und ca. 1 ½–2 Stunden bei geschlossenem Deckel und geringer Hitze schmoren lassen.

Nach Ende der Garzeit das Fleisch aus dem Topf nehmen und ruhen lassen. Den Sud entweder zu einer Sauce pürieren und mit der Sahne abschmecken oder das Gemüse absieben, Sud binden und dann mit Sahne abschmecken. Den Braten in Scheiben schneiden und mit der Sauce anrichten.

Tipp: Zu Omas Würstlbraten passen Bandnudeln oder Semmelknödel (S. 35), Gemüse und Salat.

Magdalena Fischer, Hofmetzgerei Fischer, Reichersbeuern

Kalbsrollbraten mit Petersilienkartoffel und Rosenkohl

Für 6–8 Personen:

Für den Braten:
1 kg Kalbsrollbraten
Salz und Pfeffer aus der
    Mühle
1 EL Paprikapulver
1 Zwiebel
1–2 Knoblauchzehen
200 g Sahne
etwas Stärke (nach
    Belieben)

Für die
    Petersilienkartoffeln:
750 g Kartoffeln
1 Prise Salz
30 g Butter
1 EL gehackte Petersilie

Für den Rosenkohl:
750 g Rosenkohl
40 g Butter
Salz und Pfeffer aus der
    Mühle
1 Prise frisch geriebene
    Muskatnuss

Bräter

Den Backofen auf 200 °C (Ober-/Unterhitze) vorheizen. Das Fleisch mit Salz, Pfeffer und Paprikapulver würzen. Zwiebel und Knoblauchzehen schälen und in Würfel schneiden. Das Fleisch in den Bräter geben und das Gemüse zufügen. Etwa eine Handbreit Wasser zugießen und im Ofen 2 Stunden braten lassen. Den Braten währenddessen immer wieder mit der Sahne bepinseln. Nach der Bratzeit den Bräter herausnehmen und die Sauce nach Belieben mit etwas Stärke binden.

Kartoffeln schälen und in kochendem Salzwasser weich garen. Dann abkühlen lassen und in beliebig große Stücke schneiden. Butter in einer Pfanne zerlassen, die Kartoffeln darin anbraten und mit der Petersilie würzen.

Während Fleisch und Kartoffeln garen, den Rosenkohl putzen, schlechte Blätter entfernen, am Strunk über Kreuz einschneiden und gut waschen. Röschen in Salzwasser 5–10 Minuten kochen. Dann das Wasser abgießen und den Rosenkohl mit kaltem Wasser abschrecken, damit die grüne Farbe erhalten bleibt, anschließend abtropfen lassen. Die Röschen in Butter schwenken und mit Salz, Pfeffer sowie Muskat würzen. Den Braten auf einem Servierteller anrichten, Sauce darübergeben, einige Kartoffeln sowie den Rosenkohl dazudrapieren und servieren.

Tipp: Der Kalbsrollbraten mit Petersilienkartoffeln und Rosenkohl eignet sich zusammen mit dem Feldsalat mit geräucherter Rinderlende (S. 20) sowie Pannacotta mit Fruchtsauce und Früchten (S. 138) wunderbar als Weihnachtsmenü.

Johanna Kannamüller, Url-Hof, Waldkirchen

Rinderwürzbraten

Für 6 Personen:

2 Zitronen
900 g Schmorfleisch
1 Prise Salz
edelsüßes Paprikapulver
6–7 TL Senf
1 Bund Suppengrün
150–200 g Butterschmalz
2–3 EL Tomatenmark
2 EL Mehl
ca. 500 ml Gemüsebrühe
etwas Zucker

Rouladennadeln

Die Zitronen schälen und in dicke Scheiben schneiden. Das Schmorfleisch in 6 rundliche Stücke teilen, längs halb aufschneiden und zwischen die Schnittflächen je 1 Zitronenscheibe legen. Das Fleisch mit den Rouladennadeln wieder zusammenstecken und gut mit Salz und Paprika würzen, dann mit dem Senf einreiben. Das Suppengrün putzen und in dünne Scheiben schneiden.

Butterschmalz in einer Pfanne erhitzen, Fleischstücke darin unter mehrmaligem Wenden braun anbraten, dann herausnehmen und die Hälfte des vorbereiteten Gemüses etwa 10 Minuten garen. Tomatenmark zugeben und gut durchrühren, Mehl darüberstäuben und leicht anrösten lassen, danach mit der Brühe oder Wasser auffüllen und alles gut durchrühren. Das angeröstete Fleisch und das restliche Gemüse dazugeben. Im Topf mit Deckel etwa 1 ½ Stunden schmoren lassen, ab und zu umrühren. Gares Fleisch herausnehmen und die Sauce mit Salz, Zucker und Paprika abschmecken.

Tipp: Zum Rinderwürzbraten passt Blaukrautsalat mit Meerrettich (S. 22).

Tatjana Miers, Rosenheim

Geschmorte Rinderbacken

Für 4 Personen:

1 kg parierte
   Rinderbacken
Salz und Pfeffer aus der
   Mühle
Öl zum Anbraten
2 kleine Karotten
1 kleiner Knollensellerie
1 große Zwiebel
1 TL Tomatenmark
500 ml Rotwein
   (halbtrocken)
500 ml Fleischbrühe
2 Lorbeerblätter
5 Wacholderbeeren
10 g schwarze
   Pfefferkörner

Schmortopf

Den Backofen auf 150 °C (Ober-/Unterhitze) vorheizen.

Die Rinderbacken mit Salz und Pfeffer würzen. Öl im Schmortopf auf dem Herd erhitzen und das Fleisch darin von allen Seiten scharf anbraten, danach aus dem Topf nehmen und beiseitestellen. Karotten, Sellerie und Zwiebel schälen und in kleine Würfel schneiden. Die Hälfte vom Gemüse sowie das Tomatenmark in den Topf geben und bei mittlerer Hitze anrösten. Mit Rotwein ablöschen, reduzieren lassen und anschließend mit Brühe aufgießen. Lorbeerblätter, Wacholderbeeren, Pfefferkörner und das angebratene Fleisch dazugeben und ca. 2 Stunden im Ofen schmoren lassen. Die fertigen Backen herausnehmen, die Sauce durch ein Sieb passieren, restliches Wurzelgemüse dazugeben und bissfest garen. So wird die Sauce sämig und kräftig im Geschmack.

Tipp: Zu den geschmorten Rinderbacken passen hausgemachte Nudeln oder Kartoffel-Selleriestampf.

Sarah Herrmann, Johannes Markt, Marxheim

Geschmortes Rindsgulasch

Für 4–6 Personen:

3 Zwiebeln
2 EL Butterschmalz
4 EL Tomatenmark
1 TL Salz
750 g Rindfleisch,
    z. B. von der Hüfte
100 ml Gemüsebrühe

Zum Abschmecken:
½ Bio-Zitrone
2 Knoblauchzehen
3 EL Rosenpaprika
2 TL Salz
1 TL Kümmel
1 TL Majoran

Schmortopf

Den Backofen auf 170 °C (Ober-/Unterhitze) vorheizen.

Die Zwiebeln schälen und in Scheiben hobeln. Butterschmalz im Schmortopf erhitzen und die Zwiebelscheiben so lange dünsten, bis sie musig werden. Nach ca. 10 Minuten das Tomatenmark und das Salz hinzufügen und kurz anbräunen lassen. Das Rindfleisch in mundgerechte Würfel schneiden und mit in den Topf geben. Die Gemüsebrühe zum Fleisch geben und das Gulasch 1 ½ Stunden im Ofen garen. Eine Bio-Zitrone heiß abwaschen und die Hälfte ihrer Schale fein abreiben. Knoblauch schälen, zerdrücken und zusammen mit dem Zitronenabrieb sowie den übrigen Gewürzen zum Fleisch geben. Das Gulasch weitere 30 Minuten im Ofen garen lassen, bis es zart und fertig zum Servieren ist.

Tipp: Zum geschmorten Rindsgulasch passen die gebratenen Polentaschnitten von Seite 44 und Salat.

Johanna Renoth, Laufen

Chili-Rotwein-Gulasch

Für 4–6 Personen:

2 rote Zwiebeln
60 g Sellerie
2 Karotten
3 Knoblauchzehen
10 g Ingwer
1 rote Paprikaschote
1–2 rote Chilischoten (nach
   Belieben)
2–3 EL Öl zum Anbraten
700 g Rindergulasch
Salz und Pfeffer aus der
   Mühle
1 gestrichener EL Mehl
3 EL Tomatenmark
500 ml Rotwein
1 Zweig Rosmarin
1 Lorbeerblatt
1 TL süßes Paprikapulver
30 g Zartbitterschokolade
4 EL Chilisenf

Schmortopf

Zwiebeln, Sellerie, Karotten, Knoblauch und Ingwer schälen. Zwiebeln und Sellerie würfeln, Karotten in Scheiben schneiden, Knoblauch fein hacken und Ingwer reiben. Paprikaschote und Chili waschen, Trennwände sowie Kerngehäuse entfernen und in Streifen schneiden. Etwas Öl im Schmortopf erhitzen, das Fleisch darin portionsweise braun anbraten. Mit Salz und Pfeffer würzen, herausnehmen und beseitestellen. 2 EL Öl mit Zwiebeln, Sellerie, Karotten und Paprika im Topf andünsten. Nach kurzer Zeit Knoblauch, Ingwer und Chili dazugeben und mit Salz und Pfeffer abschmecken. Das Mehl darüberstäuben und 1–2 Minuten anschwitzen. Das Tomatenmark zufügen und kurz mit erhitzen. Das Ganze mit Rotwein ablöschen. Den Rosmarinzweig waschen und mit dem Lorbeerblatt, Paprikapulver und Fleisch dem Sud zufügen. Gulasch abgedeckt ca. 2 Stunden bei mittlerer Hitze schmoren lassen. In der Zwischenzeit die Schokolade grob hacken und gegen Ende der Garzeit im Gulasch schmelzen lassen. Mit Salz, Pfeffer und Chilisenf abschmecken.

Tipp: Zu dem Gulasch passen sehr gut Bauernbrot, Semmelknödel oder resche Reiberdatschi (S. 35).

Lisana Hartl, Münchner Kind'l, Fürstenfeldbruck

Rinderrouladenstreifen mit Salat

Für 2–4 Personen:

2 Rinderrouladen
6–8 EL Olivenöl, plus
  etwas mehr zum Braten
1 Bund gemischte
  Gartenkräuter (z. B.
  Thymian, Oregano,
  Rosmarin, Currykraut,
  Salbei, Minze)
1 Knoblauchzehe (nach
  Belieben)
Salz und Pfeffer aus der
  Mühle

Für den Salat:
Salatkopf
Tomate, Paprikaschote,
  Gurke (nach Belieben)
2 EL Essig
5 EL Öl
Salz und Pfeffer aus der
  Mühle

Die Rouladen der Breite nach in ca. 1 cm breite Streifen schneiden, in eine verschließbare Schüssel oder Box geben und mit Olivenöl beträufeln. Die Gartenkräuter waschen, trocken schütteln und klein schneiden, den Knoblauch abziehen, halbieren und durch eine Presse drücken. Beides zum Fleisch geben und über Nacht im Kühlschrank ziehen lassen. Das Fleisch sollte mindestens 4–5 Stunden mariniert werden.

Öl in einer Pfanne erhitzen und die Rinderrouladenstreifen auf jeder Seite ca. 2–3 Minuten scharf anbraten und mit Salz und Pfeffer würzen.

Salatkopf von den welken Blätter befreien, waschen und abtropfen lassen. Nach Belieben Tomate, Paprikaschote und Gurke waschen, in mundgerechte Stücke schneiden und dazugeben. Aus Essig, Öl, Salz und Pfeffer ein Dressing herstellen und über den Salat geben. Salat zusammen mit den Rouladen anrichten.

Tipp: Zu den Rinderrouladenstreifen mit Salat passt sehr gut ein Baguette mit Kräuterbutter.

Lisi Burghart, Burgharthof, Ottersberg

Geschmorte Beinscheiben

Für 6 Personen:

2–3 Beinscheiben
  (enstpricht ca. 1 kg) vom
  Jungbullen
Salz und Pfeffer aus der
  Mühle
2 EL Mehl
3 Zwiebeln
2 Karotten
4 Stangen Staudensellerie
3 Tomaten
2 EL Raps- oder Olivenöl
2 EL Tomatenmark
125 ml Rotwein
ca. 500 ml Fleisch- oder
  Gemüsebrühe
2 EL Balsamicoessig
1–2 Knoblauchzehen (nach
  Belieben)
2 Lorbeerblätter
2 Zweige Thymian

Für die Gremolata:
1 Bund glatte Petersilie
1–2 Knoblauchzehen
1 Bio-Zitrone

großer Schmortopf

Den Backofen auf 180 °C (Ober-/Unterhitze) vorheizen.

Die Beinscheiben abwaschen, trocken tupfen und die Sehnen neben den Knochen einschneiden. Das Fleisch salzen, pfeffern und mit dem Mehl rundum bestäuben. Zwiebeln und Karotten schälen, grob würfeln, Selleriestangen und Tomaten gut waschen und in 1 cm große Stücke schneiden.

Das Öl im Schmortopf erhitzen und die Fleischscheiben von beiden Seiten scharf anbraten, herausnehmen und beiseitestellen. Zwiebeln, Karotten und Sellerie im Bratfett andünsten, Tomatenmark dazugeben und ebenfalls kurz mitrösten. Die Tomatenstücke hinzufügen und alles mit Rotwein, Brühe und Balsamico ablöschen.

Den Knoblauch schälen und fein hacken. Lorbeerblätter und Thymianzweige waschen. Die Beinscheiben mit Knoblauch, Lorbeerblättern und Thymian zurück in den Schmortopf geben. Bei Bedarf mehr Brühe zugießen, die Beinscheiben sollen knapp bedeckt sein. Zugedeckt ca. 2-2 ½ Stunden im Ofen weich schmoren.

Inzwischen die Gremolata zubereiten. Dafür die Petersilie waschen, trocken tupfen und klein schneiden. Den Knoblauch schälen und zerkleinern. Die Zitrone heiß abwaschen und die Schale abreiben. Die Zutaten in einer Schüssel gut miteinander vermengen. Das fertige Fleisch mit dem Sud als Sauce und der Gremolata anrichten und servieren.

Tipp: Zu den geschmorten Beinscheiben passen Bandnudeln oder Risotto sowie Salate der Saison.

Sieglinde Maier-Stöhr, Traunstein

Marinierter Tafelspitz

Für 4–6 Personen:

1 EL Gemüsebrühpulver
1 Lorbeerblatt
½ TL Salz
1 EL Pfefferkörner
ca. 1 kg Tafelspitz

Für die Marinade:
1 Bund Petersilie
1 Bund Basilikum
2 Bio-Zitronen
4 EL Weißweinessig
2 EL Dijonsenf
Salz und schwarzer Pfeffer
   aus der Mühle
1 TL Zucker
200 ml Olivenöl

In einem großen Topf Wasser zum Kochen bringen. Gemüsebrühpulver zugeben. Die Temperatur reduzieren, Tafelspitz hineinlegen und ca. 2 Stunden bei schwacher Hitze langsam garen, bis das Fleisch weich ist. In der Brühe abkühlen lassen und anschließend in dünne Scheiben schneiden.

Für die Marinade Petersilie und Basilikum waschen, trocken tupfen und zerkleinern. Die Zitronen waschen, eine davon in Scheiben schneiden und beiseite legen, die andere auspressen. Den Zitronensaft mit Weißweinessig, Dijonsenf, Salz, Pfeffer und Zucker mischen und die zerkleinerten Kräuter dazugeben. Alles fein mixen und das Öl in einem feinen Strahl zufügen. Die Marinade über die abgekühlten Rindfleischscheiben geben, mit Zitronenscheiben belegen, einige Stunden durchziehen lassen und servieren.

Tipp: Der marinierte Tafelspitz schmeckt sehr gut mit Baguette oder Grissini.

Michael Blankenhorn, Hofladen Meßner, Schrobenhausen-Linden

Saucenfleisch – Bœuf à la mode

Für 2 Personen:

500 g Rindfleisch von der
  flachen Schulter

Für die Beize:
125–250 ml Essig
1 EL Salz
3 Pfefferkörner
3 Nelken
6 Wacholderbeeren
4 Lorbeerblätter
1 Zwiebel
1 Karotte
1 Knollensellerie
1 Stange Lauch

Für die Sauce:
30 g Butter oder
  Butterschmalz
1 TL Zucker
40 g Mehl
Rotwein oder Sahne (nach
  Belieben)

Das Fleisch mit einem feuchten Tuch abtupfen. 750 ml Wasser mit Essig, Salz, Pfefferkörnern, Nelken, Wacholderbeeren und Lorbeerblättern mischen. Zwiebel, Karotte und Sellerie schälen, Lauch gut waschen, das Gemüse in grobe Stücke teilen und dem Sud zugeben. Das Fleisch in der Beize einlegen und abgedeckt 3–8 Tage im Kühlschrank ziehen lassen. Wenn die Beize das Fleisch nicht bedeckt, zwischendurch wenden. Sobald das Fleisch gut durchgezogen ist, aus der Beize nehmen und diese erhitzen. Das Fleisch wieder dazugeben und ca. 1–1 ½ Stunden garen, dabei darauf achten, dass es nicht zu weich wird. Dann aus der Brühe nehmen und aufschneiden.

Zwischenzeitlich eine Sauce zubereiten. Dafür die Butter in einer Pfanne erhitzen, Zucker anbräunen, Mehl zugeben und goldbraun rösten. 500 ml der Beizbrühe dazugießen und 10 Minuten einkochen lassen. Anschließend durch ein Sieb streichen und bei Bedarf mit Rotwein abschmecken. Das Fleisch vor dem Servieren noch 10 Minuten ziehen lassen und anschließend mit der Sauce servieren.

Tipp: Dazu passen sehr gut die Kartoffelknödel von Seite 37. Ganz nach Geschmack können der Sauce auch noch Rosinen zugegeben werden.

Angelika Melzow, Gasthof Alter Wirt, Dießen-Obermühlhausen

Marinierte Lammkeule

Für 4 Personen:

4 Knoblauchzehen
4 EL Cognac
½ TL grober Pfeffer
3 EL Olivenöl
3 Rosmarinzweige
5 Thymianzweige
1 Lammkeule
   (etwa 1,2 kg), entbeint

Den Knoblauch schälen, hacken und mit Cognac und Pfeffer verrühren. Das Olivenöl unterschlagen. Rosmarin und Thymian waschen, trocken tupfen und abzupfen.

Einige Rosmarinnadeln und etwas Thymian auf einen großen Bogen Alufolie streuen. Die Keule darauflegen und mit dem Knoblauchöl bestreichen. Die Folie verschließen und die Keule 24 Stunden im Kühlschrank durchziehen lassen.

Den Backofen auf 220 °C (Umluft 200 °C) vorheizen. Die Lammkeule in einen Bräter legen und mit etwas Butter bestreichen. Im heißen Backofen etwa 1 ½ Std. braten. Dabei regelmäßig mit Butter bestreichen. Die Keule aus dem Ofen nehmen und noch 15 Minuten ruhen lassen.

Die Lammkeule dann in Scheiben schneiden und servieren. Dazu passen Rosmarinkartoffeln vom Blech.

Gerlinde Herz, Cadolzburg

Lammgulasch

Für 4 Personen:

1 kg Lammfleisch
½ Tasse Öl
2 Zwiebeln, geviertelt
4 Knoblauchzehen,
   gehackt
Salz, Pfeffer
125 ml Rotwein
½ Sellerieknolle, gehackt
1 Prise Rosmarin
einige Lorbeerblätter
½ Bund Basilikum
600 g Kartoffeln,
   geviertelt

Das Lammfleisch in große Stücke schneiden. Das Öl in einem Topf erhitzen. Fleisch, Zwiebeln und Knoblauch gut darin anbraten. Dann salzen und pfeffern und mit dem Rotwein ablöschen.

Selleriewürfel, Rosmarin, Lorbeerblätter und Basilikum zufügen und abgedeckt 1 Stunde schmoren lassen. Zuletzt die Kartoffeln zugeben und weitere 30 Minuten garen.

Monika Herrmann, Zirndorf

Lammbraten vom Coburger Fuchsschaf

Für 4–6 Personen:

1 ½ kg Lammbraten
   (Schulter, Keule,
   Nacken, Haxen, …)
5 EL Olivenöl
1 Zwiebel
4 Knoblauchzehen
Salz und Pfeffer aus der
   Mühle
3 Zweige Rosmarin
3 Zweige Thymian
400 g geschälte Tomaten
   (aus der Dose)
1 Bio-Zitrone
375 ml trockener Rotwein

Den Backofen auf 200 °C (Ober-/Unterhitze) vorheizen. Das Lammfleisch trocken tupfen. Olivenöl in einem gusseisernen Bräter erhitzen. Zwiebel und Knoblauch schälen, hacken und im Öl andünsten. Das Fleisch dazugeben, mit Salz und Pfeffer würzen und rundherum anbraten. Die Kräuter waschen, Nadeln bzw. Blättchen abzupfen und mit den Dosentomaten hinzufügen. Die Zitrone waschen, in Scheiben schneiden und auf dem Fleisch verteilen. Ein Drittel des Rotweins angießen, kurz aufkochen, dann den Bräter abgedeckt für 2 Stunden in den Ofen schieben. Während der Garzeit nach und nach den restlichen Rotwein zugießen. Nach etwa 1 ½ Stunden den Deckel entfernen, um das Fleisch zu bräunen.

Tipp: Ich verwende am liebsten das Fleisch vom Coburger Fuchsschaf. Zum Lammbraten passen Rosmarinkartoffeln, Weißbrot und ein Glas Rotwein.

Stefan Igelhaut, Obstbaumpflege und Imkerei, Oberferrieden

Hirschrücken mit Kräuterkruste

Für 6 Personen:

2–3 kg enthäuteter
   und entsehnter
   Hirschrücken mit
   Knochen (oder ca. 1,5–
   1,8 kg ohne Knochen)
Salz und Pfeffer aus der
   Mühle
4 EL mittelscharfer Senf
1 Bund Thymian
20 Salbeiblätter
4 Zweige Rosmarin
1 Bund Petersilie
2 Knoblauchzehen
40 g Semmelbrösel
6 EL Olivenöl
1 TL Zitronensaft
etwas Öl für das Backblech

Für die Sauce:
1 Bund Suppengrün
1 Zwiebel
Knochen (z. B. ein
   Rippenstück vom
   Hirsch)
1 Scheibe geräuchertes
   Wammerl
   (Schweinebauch)
Salz und Pfeffer aus der
   Mühle
6 Wacholderbeeren
2 Nelken
1 Lorbeerblatt
400 ml Rotwein
250 ml Brühe
Stärkemehl (nach Belieben)
Sahne zum Abschmecken
1 Schuss Madeira oder
   Sherry

Mixer

Den Backofen auf 150 °C (Ober-/Unterhitze) vorheizen.

Den küchenfertigen Rücken entlang des Rückgrates etwa 3 cm tief einschneiden, salzen, pfeffern und mit Senf einstreichen. Die Kräuter waschen, trocken schütteln und von den Stängeln zupfen. Den Knoblauch schälen und zusammen mit den Kräutern, 1 EL Semmelbrösel und 1 EL Olivenöl im Mixer pürieren. Die Masse mit Zitronensaft, den restlichen Semmelbröseln und 1 ½ EL Öl mischen. Dann die Paste auf den vorbereiteten Hirschrücken streichen und das restliche Olivenöl darüberträufeln. Den Rücken auf ein gefettetes Backblech setzen und im Ofen ca. 1 ½ Stunden backen, die Temperatur kann in den letzten 10 Minuten auf 200 °C erhöht werden. Das Fleisch vor dem Aufschneiden im ausgeschalteten Ofen ruhen lassen.

In der Zwischenzeit die Sauce zubereiten. Dazu das Suppengrün waschen und grob zerkleinern. Die Zwiebel schälen und würfeln. In einer hohen Pfanne die Hirschknochen mit dem Gemüse, der Zwiebel und dem geräucherten Schweinebauch anrösten. Salz, Pfeffer, Wacholderbeeren, Nelken und Lorbeerblatt zufügen und mit Rotwein und Brühe aufgießen, dann langsam einköcheln lassen. Anschließend die Sauce durch ein Sieb passieren, nach Belieben mit Stärkemehl abbinden, mit der Sahne verfeinern und mit Madeira abschmecken.

Tipp: Das Rezept eignet sich für hohe Festtage wie z. B. Weihnachten. Zum Hirschrücken mit Kräuterkruste passen Spätzle, Kartoffelknödel, Kroketten, Blaukraut, Grüne Bohnen, Karottengemüse, Spargel oder Ähnliches.

Christine Wagner, Hofladen Etzlberg, Gachenbach

Hirschbraten

Für 4–6 Personen:

Für die Beize:
250 ml Essig
Salz
1 Pck. Sauerbratengewürz
1 Prise Zucker
250 ml Rotwein, plus
    etwas mehr zum
    Ablöschen und
    Abschmecken

Für den Braten:
1250 g Hirschschulter
    oder Schlegel, ausgelöst
1 große Zwiebel
Salz und Pfeffer aus der
    Mühle
1 EL gemahlenes
    Wildgewürz
1 TL gemahlener Ingwer
etwas Öl zum Braten

Für die Sauce:
2 Karotten
1 Knollensellerie
1 große Zwiebel
etwas Puderzucker
1 EL Tomatenmark
1 Saucenlebkuchen
1 EL Preiselbeeren
100 g Sahne
etwas Gemüsebrühpulver
dunkler Saucenbinder
    (nach Belieben)

*Schmortopf oder Bräter mit
    Deckel*

1 l Wasser mit Essig, Salz, Sauerbratengewürz und Zucker im Schmortopf aufkochen und etwas abkühlen lassen. Den Rotwein zugießen und das Hirschfleisch darin einlegen. Die Zwiebel schälen, grob würfeln und dazugeben. Das Fleisch 2–3 Tage in der Essig-Rotweinbeize ziehen lassen.

Danach das Fleisch aus der Beize nehmen, trocken tupfen und mit Salz, Pfeffer, Wildgewürz und Ingwer würzen. Den Backofen auf 150 °C (Ober-/Unterhitze) vorheizen. Die Beize umfüllen und das Öl im Schmortopf erhitzen. Den Braten rundum scharf anbraten, danach aus dem Bratfett nehmen und beiseitestellen. Karotten, Sellerie und Zwiebel schälen und klein schneiden. In dem Topf etwas Puderzucker karamellisieren und darin das Gemüse mit dem Tomatenmark anrösten, mit Rotwein ablöschen und einkochen lassen. Der Vorgang wird 2–3 mal wiederholt. Das angebratene Fleisch wieder einlegen und die Beize zugießen. Den Braten zugedeckt 1 ½–2 Stunden im Ofen schmoren lassen. Währenddessen den Saucenlebkuchen klein schneiden und mit den Preiselbeeren ca. 30 Minuten vor Ende der Garzeit zugeben. Das Fleisch nach dem Schmoren aus dem Bratensaft nehmen und warm stellen. Die Sauce durch ein Sieb passieren, Sahne zugeben und nochmals mit Pfeffer, Salz, Rotwein und etwas Gemüsebrühe abschmecken. Sollte die Sauce zu dünn sein, kann sie mit dunklem Saucenbinder oder in Wasser aufgelöstem Stärkemehl gebunden werden. Hirschbraten in Scheiben schneiden und mit der fertigen Sauce servieren.

Tipp: Zum Hirschbraten passen die böhmischen Knödel von Seite 36 und Preiselbeerbirnen.

Rudolf Grundler, Wilde Sachen, Waidhausen

Hirschgulasch »Hubertus«

Für 4–5 Personen:

40 g Butterschmalz
     oder Öl
1 kg küchenfertiges
     Hirschfleisch vom
     Schlegel oder Schulter in
     gulaschgroßen Würfeln
½ Zwiebel
1 Karotte
3 Lorbeerblätter
5–6 Wacholderbeeren
einige Pfefferkörner
1 Knoblauchzehe
250 ml Gemüsebrühe
200 g Pfifferlinge oder
     Champignons
etwas Butter
250 ml Rotwein
200 g Sahne oder Crème
     fraîche
2 EL Mehl
1–2 EL Preiselbeeren
Salz und Pfeffer aus der
     Mühle

Das Butterschmalz in einem großen Topf erhitzen und das Fleisch darin anbraten. Zwiebel und Karotte schälen und würfeln und beides zusammen mit den Gewürzen zum Fleisch geben. Die Knoblauchzehe schälen, zerdrücken und ebenfalls zufügen. Mit der Gemüsebrühe aufgießen und ca. 45–60 Minuten köcheln lassen. Die Pfifferlinge putzen und bei Bedarf halbieren. Die Butter in einer Pfanne erhitzen, die Pilze anbraten und unter das Hirschgulasch mischen. Mit Rotwein und Sahne ablöschen. Mehl mit etwas kaltem Wasser verrühren und das Gulasch damit binden. Mit Preiselbeeren, Salz und Pfeffer nochmals abschmecken. Bis zum Servieren ca. 15 Minuten ziehen lassen.

Tipp: Als Beilagen zum Hirschgulasch können Spätzle oder Kartoffelknödel (S. 37) und Apfelblaukraut gereicht werden.

Annemarie Weinzierl, Irschenberg

Kitznüsschen mit Parmesankruste

Für 4 Personen:

2 Knoblauchzehen
12 Kitznüsschen (à 50 g
   vom Kitzrückenfilet)
Salz und Pfeffer aus der
   Mühle
30 g Olivenöl

Für die Parmesankruste:
½ Tasse Parmesan
½ Tasse Semmelbrösel,
   plus etwas mehr zum
   Garnieren
3 EL mittelscharfer Senf
1 Bund Kräuter (z. B.
   Rosmarin, Salbei,
   Basilikum und
   Zitronenmelisse)
etwas Olivenöl

Für die Sauce:
125 ml Rotwein
Salz und Pfeffer aus der
   Mühle
100 g Sahne

Den Backofen auf 120–130 °C (Ober-/Unterhitze) vorheizen.

Knoblauch abziehen und mit einer Gabel zerdrücken. Das Fleisch mit Salz, Pfeffer und Knoblauch einreiben. Das Olivenöl in einer Pfanne erhitzen und das Fleisch beiderseits kurz anbraten, sodass es innen noch rosig ist.

Für die Parmesankruste Parmesan, Semmelbrösel und Senf vermengen. Die Kräuter waschen, trocken tupfen, zerkleinern und unterheben. Das Fleisch auf einen Grillrost legen, die Käsemasse darauf verteilen, mit Semmelbröseln bestreuen und mit Öl beträufeln, dann über einem Tropfblech in den Ofen schieben und 15–20 Minuten gratinieren, bis der Käse zerlaufen ist.

Den Bratensatz in einen Topf füllen, mit Rotwein ablöschen, mit Salz und Pfeffer würzen und mit der Sahne binden.

Tipp: Als Beilage zu den Kitznüsschen mit Parmesankruste eignet sich Gemüse der Saison (z. B. Karotten oder Brokkoli) und Kartoffeln.

Hans Eirenschmalz, Bio-Milchziegenhof Eirenschmalz, Wessling

Rücken (oder Keule) vom Kamerun-Schaf

Für ca. 8 Personen:

1 ganzer Rücken am Stück
    oder 1 mittlere Keule (ca.
    1,5 kg) vom Kamerunschaf

Für die Marinade:
2 EL Nussöl (z. B. Walnussöl),
    plus etwas mehr zum Braten
1 TL Zitronenöl
1 TL schwarze Pfefferkörner
2 Stängel frische, gemischte
    Kräuter (z. B. Salbei,
    Liebstöckel, Schnittlauch,
    Petersilie, Minze)

Für den Sud:
500 ml Weißwein (kräftig,
    trocken, säurearm), plus
    etwas mehr zum Ablöschen
Salz
1 Lorbeerblatt
1 Bund Suppengrün

Für die Bratensauce:
2 Bund Frühlingszwiebel
2 Schalotten
1 Apfel
1 Birne
½ TL feine Bio-Orangenzesten
1 cl feiner Kognak
etwas Gemüsefond (nach
    Belieben)
200 g Schmand oder Crème
    fraîche
200 g Sahne

Bräter

Tipp: Dazu passen Kartoffelknödel, Kartoffelstrudel oder Spätzle, etwas Muskat rundet den Geschmack außerdem noch ab.

Das Fleisch am Vortag mit einem nassen Tuch abwischen und gut trocken tupfen, einige Parüren für den Sud wegschneiden. Das Fleischstück in einen passenden Topf oder eine Schüssel legen. Nuss- und Zitronenöl mischen und das Fleisch von allen Seiten damit einreiben. Die Pfefferkörner grob zerstoßen. Kräuter und Minze waschen, trocken schütteln und fein hacken. Das Fleisch erst rundum mit Pfeffer, dann mit der Hälfte der gehackten Kräuter bestreuen. Das Ganze über Nacht im Kühlschrank ziehen lassen.

Für den Sud 500 ml Wasser ansetzen. Weißwein, Parüren, kräftig Salz und Lorbeer zugeben. Das Suppengrün waschen, putzen und in grobe Stücke schneiden. Das Ganze mindestens 30 Minuten sanft köcheln lassen. Der Sud sollte kräftig schmecken – nach Belieben nachwürzen.

Den Backofen auf 200 °C (Ober-/Unterhitze) vorheizen. In einem großen Bräter Nussöl erhitzen, das Fleisch von allen Seiten salzen und im heißen Fett rundherum kurz und nicht zu kräftig anbraten. Frühlingszwiebeln in Ringe schneiden, Schalotten schälen und fein würfeln. Apfel und Birne waschen, klein schneiden und zusammen mit den restlichen Kräutern und Orangenzesten zugeben. Alles kurz anschwitzen und darauf achten, dass es nicht zu braun wird. Mit etwas Kognak und Weißwein ablöschen, sodass Gemüse und Obst bedeckt sind, und in den Ofen schieben. Ca. 10 Minuten bei 200 °C, dann 10 Minuten bei 175 °C und anschließend noch 1 Stunde bei 150 °C garen. Das Fleisch zwischendurch immer wieder mit Weißwein und Ansatzsud sowie Bratensaft übergießen, je öfter, desto zarter wird es. Nach Ende der Garzeit den Braten aus der Sauce nehmen und noch mal zurück in den ausgeschalteten Ofen schieben. Die Sauce durch ein Sieb passieren, ggf. mit etwas Weißwein und Gemüsefond strecken, Schmand und Sahne untermischen, nochmals aufkochen und abschmecken.

Johanna Bär, Schochenhof, Ottobeuren

Türkischer Ziegen-Hackbraten

Für 7–9 Personen:

150 g grob geschrotete
    Weizenkörner
750 g Ziegen-Hackfleisch
1 Ei
Salz und Pfeffer aus der
    Mühle
1 EL Öl
1 Prise Zimt
10 g Butter, plus etwas
    zum Braten und für
    Butterflocken
5 Zwiebeln
50 g Erdnüsse
4 Tomaten

Für den Salat:
4 Paprikaschoten
1 Zwiebel
2 EL Essig
3 EL Öl
1 EL Salatkräuter

feuerfeste Form
*   (ca. 20 cm lang)*
Handreibe

Die Weizenkörner in einer Tasse Wasser 20 Minuten einweichen. Den Backofen auf 150 °C (Ober-/Unterhitze) vorheizen. Die Weizenkörner sehr gut ausdrücken und mit dem Hackfleisch, Ei, Salz und Pfeffer, Öl, Zimt und Butter in einer Schüssel zu einem Teig vermengen. 3 Zwiebeln schälen und klein schneiden, die Erdnüsse fein hacken und untermischen. Die Tomaten waschen und den Strunk entfernen, die übrigen Zwiebeln abziehen und beides in Scheiben schneiden. Die Zwiebelringe in einer Pfanne mit etwas Butter anrösten. Die Form einfetten und mit ¾ der Tomaten auslegen, den Fleischteig einfüllen und mit den übrigen Tomaten sowie Röstzwiebeln garnieren und Butterflöckchen aufsetzen. Im Ofen etwa 30–35 Minuten backen, danach auf eine Platte stürzen.

Für den Salat die Paprikaschoten waschen, Kerne und Trennwände entfernen und würfeln. Die Zwiebel schälen und klein schneiden. Zusammen in eine Schüssel geben und mit Essig, Öl sowie Kräutern anmachen. Den Salat mit dem Hackbraten servieren.

Hans Eirenschmalz, Bio-Milchziegenhof Eirenschmalz, Wessling

Geräucherte Putenbrust mit Currysauce

Für 5 Personen:

100 g getrocknete
   Aprikosen
1 kg geräucherte
   Putenbrust
100–150 g Sahne
2 TL Currypulver
3–4 EL Crème double
Joghurt oder Sahne (nach
   Belieben)
Salz
Zucker
Cayennepfeffer

Fettpfanne
Stabmixer

Für die Currysauce die Aprikosen mit Wasser bedecken und über Nacht einweichen. Je länger sie im Wasser liegen, desto feiner wird die Sauce.
Den Backofen auf 170 °C (Ober-/Unterhitze) vorheizen. Putenbrust in Alufolie einschlagen. Wasser in die Fettpfanne gießen und das verpackte Fleisch auf ein Gitter darüberlegen. Im Ofen auf der untersten Stufe ca. 1 Stunde backen, danach ruhen lassen. In der Zwischenzeit die eingeweichten Aprikosen zusammen mit dem Wasser pürieren und durch ein Sieb streichen. Mit Sahne, Curry, Crème double und Joghurt verrühren und mit Salz, Zucker und Cayennepfeffer abschmecken. Das Erhitzen der Sauce ist nicht notwendig. Die Putenbrust mit der Currysauce servieren.

Babsi Wallner, Wallner's Bioputen, Hebertshausen

Bauernente mit Beifußsauce

Für 4 Personen:

1 Bauernente,
   küchenfertig
3 Zwiebeln, gehackt
1 Tomate, gewürfelt
2 säuerliche Äpfel,
   gewürfelt
Salz, Pfeffer
gemahlener Ingwer
warmes Salzwasser
1 Bund Beifuß
1–2 TL Speisestärke

Bei der Ente Flügelspitzen, Hals und Fettdrüsen am After abschneiden. Alles zusammen mit den Innereien in die Fettpfanne des Backofens geben. 2 Zwiebeln, die Tomate und 1½ Äpfel zufügen. Die Fettpfanne in den Ofen schieben (unten) und diesen auf 180 °C (keine Umluft) aufheizen.
In der Zwischenzeit das sichtbare Fett der Ente entfernen. Dann waschen, innen und außen leicht salzen und pfeffern, mit Ingwer einreiben und die Haut an besonders fetten Stellen mit der Gabel einstechen. Mit der dritten Zwiebel und der restlichen Apfelhälfte füllen und auf den Rost über die Fettpfanne in den Backofen schieben. Etwa 1½ Stunden braten und dabei öfters mit warmem Salzwasser begießen. Nach der Hälfte der Bratzeit den Beifuß zugeben.
Nach Ende der Garzeit die Ente herausnehmen und in Viertel teilen. Die Sauce mit der in Wasser angerührten Speisestärke binden und durch ein Sieb streichen. Das Fett abschöpfen und die Sauce abschmecken.
Christine Roller, Erlangen

Geschmortes Straußenfleisch

Für 4 Personen:

1 kg Straußenbraten
Salz und Pfeffer aus der
  Mühle
2 EL mittelscharfer Senf,
  plus etwas mehr zum
  Abschmecken
2 EL süßer Senf, plus
  etwas mehr zum
  Abschmecken
4 EL Sahne
Öl zum Braten
1 Knoblauchzehe

Für den Sud:
1 mittelgroße Zwiebel
1 Karotte
50 g Knollensellerie
1 EL Tomatenmark
125 ml Rotwein
1 l Straußenfond, bei
  Bedarf mehr
1 EL Butter
1 EL Mehl

*feuerfester Schmortopf mit
Deckel*

Den Backofen auf 160 °C (Ober-/Unterhitze) vorheizen.

Den Straußenbraten abwaschen, trocken tupfen, salzen und pfeffern. Aus mittelscharfem und süßem Senf sowie 2 EL Sahne eine Marinade anrühren und das Bratenfleisch damit rundherum einstreichen und einziehen lassen. Das Öl in einer Pfanne erhitzen. Die Knoblauchzehe abziehen, zerdrücken und mit dem Fleisch bei mittlerer Hitze rundherum anbraten, bis es Farbe angenommen hat. Dann den Straußenbraten in den Schmortopf geben.

Zwiebel, Karotte und Sellerie schälen, klein würfeln und in der Pfanne anschwitzen, das Tomatenmark dazugeben und kurz mitbraten, mit dem Rotwein ablöschen und einköcheln lassen. Mit Straußenfond auffüllen, durchrühren und alles zum Fleisch geben. Den Deckel auf den Schmortopf setzen und für 3–4 Stunden in den Ofen schieben, zwischendurch das Fleisch einmal wenden und bei Bedarf noch etwas Straußenfond nachgießen. Frühzeitig aus der Butter und dem Mehl eine dunkle Mehlschwitze herstellen und erkalten lassen. Dafür die Butter bei mittlerer Temperatur in der Pfanne braun werden lassen, das Mehl unterrühren und abkühlen lassen. Nach der Garzeit den Straußenbraten aus dem Schmorsud nehmen und im ausgeschalteten Backofen ruhen lassen. Das Gemüse aus der Sauce abgießen, den Schmorsud dabei auffangen. Den Sud noch mal aufkochen. Die kalte Mehlschwitze in die kochende Sauce geben und kräftig durchrühren. Mit den restlichen 2 EL Sahne, dem verbliebenen Senf, Salz und Pfeffer bei Bedarf abschmecken.

Tipp: Als Beilage zum geschmorten Straußenfleisch eignen sich frische Spätzle, Eiernudeln oder Knödel.

Ramona Scherr, Straußenhof Chiemgau, Schnaitsee

Hähnchen auf Gemüsebett

Für 4 Personen:

1 kg Kartoffeln
250 g Karotten
1 Zwiebel
250 g Zucchini
200 g Kirschtomaten
2 EL Öl
Salz und Pfeffer aus der
    Mühle
etwas getrockneter
    Thymian
2 Knoblauchzehen
4 Salbeiblätter
6–8 Hähnchenschenkel
etwas Rosmarin

Den Backofen auf 220 °C (Ober-/Unterhitze) vorheizen.

Kartoffeln und Karotten schälen. Die Kartoffeln auf Daumengröße zerkleinern. Die Zwiebel abziehen und in feine Würfel schneiden. Zucchini und Tomaten waschen. Karotten und Zucchini in Stücke schneiden und zusammen mit den Tomaten, Kartoffeln und den Zwiebelwürfeln in einen Bräter geben. Das Gemüse mit dem Öl vermischen und mit Salz, Pfeffer und Thymian würzen. Anschließend Knoblauch schälen und fein hacken. Die Salbeiblätter zerkleinern. Die Hähnchenschenkel seitlich am Knochen mit einem Messer einschneiden, sodass je eine Tasche entsteht. Diese mit Knoblauch und Salbei füllen. Die Hähnchenschenkel von allen Seiten mit Salz, Pfeffer, Thymian und Rosmarin würzen und auf das Gemüsebett legen. In den Ofen schieben und 1 Stunde braten.

Tipp: Die Kartoffelsorte »Bamberger Hörnchen« ist eine fränkische Spezialität und mit ihrem hervorragenden Geschmack besonders gut für dieses Gericht geeignet. Als Beilage passt Salat.

Sebastian Pauli, Geflügelhof Pauli, Hohenau

Gegrillter Gockel

Für 3–4 Personen:

1 männliches Hähnchen
ausreichend gesalzene
   Butter zum Bestreichen

Den Backofen auf 160 °C (Grill/Umluft) vorheizen. Die Füße des Hähnchens zusammenbinden und auf einen Rost legen. Diesen über einer Fettpfanne auf der mittleren Schiene in den Ofen schieben und auf jeder Seite je 45 Minuten grillen. Dabei das Geflügel pro Seite dreimal mit salziger Butter einstreichen. Nach Ende der Grillzeit das Hähnchen auf den Rücken drehen, die Ofentemperatur auf 180 °C erhöhen und für weitere 20–30 Minuten grillen lassen. Währenddessen ständig mit Butter einstreichen. So wird die Haut rundherum schön knusprig.

Familie Reiter, Chiemgauhof Locking, Amerang

Chicken Wings

Für 5–6 Personen:

150 g Geflügelfond
2 EL Sonnenblumenöl
2 EL Ketchup
1 TL Zucker
1 EL Sojasauce
1 Lorbeerblatt
1 TL Speisestärke
1 EL Weinessig
Salz und Pfeffer aus der
   Mühle
1 TL Koriander
1 Prise Cayennepfeffer
750 g Hähnchenflügel

Den Backofen auf 190 °C (Ober-/Unterhitze) vorheizen.
Den Geflügelfond mit Öl, Ketchup, Zucker und Sojasauce in einem Topf mischen, das Lorbeerblatt hinzufügen und alles aufkochen lassen. Speisestärke mit Essig anrühren, damit die Sauce bindet und mit Salz, Pfeffer, Koriander und Cayennepfeffer feurig würzen. Backblech mit Backpapier auslegen. Die Hähnchenflügel mit der Marinade deckend bestreichen, dabei etwas übrig lassen. Die Flügel mit der unteren Seite auf das Blech legen und in den Ofen schieben. Nach ca. 20 Minuten wenden, nochmals ca. 25 Minuten braten und immer wieder mit der restlichen Marinade einpinseln.

Tipp: Zu den Chicken Wings passen Kopfsalat und frisches Baguette. Die Marinade eignet sich außerdem auch sehr gut zum Einlegen von Grillgut und kann portioniert eingefroren werden.

Roswitha Hüttinger, Hofladen Jura-Geflügel, Rapperszell

Saltimbocca vom Hähnchen oder von der Pute

Für 4 Personen:

8 kleine
  Hähnchenschnitzel (à ca.
  100 g, 1 cm dick)
Salz und Pfeffer aus der
  Mühle
8 Scheiben roher Schinken
  (in Größe der Schnitzel)
8 Blätter Salbei
2 EL kalt gepresstes
  Rapsöl
200 ml Hühnerbrühe
200 g Crème fraîche

Zahnstocher

Die Schnitzel nebeneinander auf ein Brett legen und von einer Seite etwas salzen und pfeffern. Auf jedes Schnitzel eine Scheibe Schinken und ein Salbeiblatt legen und mit Zahnstochern feststecken. Das Öl in einer Pfanne erhitzen und die Schnitzel, mit der belegten Seite zuerst, beidseitig kräftig anbraten. Die Schnitzel aus der Pfanne nehmen. Brühe in die Pfanne geben und kurz aufkochen lassen. Crème fraîche einrühren, Schnitzel zufügen und in der Sauce ca. 10 Minuten gar dünsten.

Tipp: Zum Saltimbocca passen Ofenkartoffeln und die Peperonata von S. 42. Bei größeren Mengen können die Schnitzel (dann aber sehr dünn) alternativ auch als Röllchen in einer Auflaufform 20 Minuten bei 200 °C (Ober-/Unterhitze) gebacken werden.

Roswitha Hüttinger, Hofladen Jura-Geflügel, Rapperszell

Überbackenes Putengeschnetzeltes

Für 4 Personen:

300 g Putenschnitzel
3 EL Öl
60 g Schinken, gekocht
Salz, Pfeffer
1 Eigelb
1 EL Sahne
1 EL Paniermehl
1/4 Bund Petersilie
80 g Emmentaler, gerieben
Fett für die Form

Den Backofen auf 200 oC vorheizen. Inzwischen die Schnitzel in etwa 2 cm dicke Streifen schneiden. Das Öl in einer Pfanne erhitzen und das Fleisch kurz anbraten. Den Schinken in Streifen schneiden. Fleisch und Schinken in eine gefettete Auflaufform geben. Mit Salz und Pfeffer würzen und im heißen Backofen etwa 5 Minuten backen.
Das Eigelb mit der Sahne und dem Paniermehl verrühren. Die Petersilie fein hacken und zusammen mit dem geriebenen Käse unter die Eigelbmischung rühren. Diese Mischung über das Fleisch in der Auflaufform geben; nochmals 10 Minuten überbacken.

Sylvia Mang, Memmingerberg

Meefischli

500 g Meefischli
2 unbehandelte Zitronen
1 EL Mehl
1 Prise Zimt
Salz
Sonnenblumen- oder
   Rapsöl für die Pfanne
Petersilie

Die Meefischli waschen, abtrocknen. Mit Salz würzen und mit Zitronensaft beträufeln, dann für circa 1 Stunde ziehen lassen. Mehl mit einer Prise Zimt mischen und die Fische darin wenden.
In einer Pfanne mit heißem Öl knusprig ausbacken. Mit der übrigen Zitrone und Petersilie garnieren.

Tipp: Meefischli (Mainfischchen) sind kleine frittierte Fische aus dem Main und nur in Mainfranken bekannt. Dem Brauchtum nach sollen die Fische nicht größer sein als der kleine Finger der Statue des Heiligen Kilian auf der Würzburger Mainbrücke.
Meefischli werden im Original mit der Hand und ohne Beilage gegessen. Es gibt aber auch Varianten mit Remoulade oder mit Kartoffelsalat. Auf jeden Fall passt ein Glas fränkischer Weißwein dazu.

Ute Hofmann, Volkach

Fischragout

Für 4 Personen:

300 g Fischfilet
3 EL Zitronensaft
Pfeffer, Paprikapulver,
Curry
1 Stange Lauch
250 g Champignons
20 g Butter
2 EL Mehl
125 ml Gemüsebrühe
1 rote Paprika
etwas Sahne

Fischfilet in Würfel schneiden, mit Zitronensaft beträufeln und würzen, dann 30 Minuten ziehen lassen.
Den Lauch in Ringe, die Champignons in Scheiben schneiden. Beides in der Butter dünsten, mit Mehl binden. Die Brühe darübergießen und den marinierten Fisch dazugeben. 10 Minuten bei schwacher Hitze ziehen lassen. Vor dem Servieren mit Sahne verfeinern und die in Streifen geschnittene Paprika darüberstreuen.

Tipp: Dazu passen Bratkartoffeln oder Reis.

Hildegard Krohmer, Altusried

Lachs auf Fenchel-Karotten-Gemüse

Für 4 Personen:

600 g Kartoffeln
Salz und Pfeffer aus der
    Mühle
Paprikapulver
3 EL Bratöl, plus etwas
    mehr zum Anbraten
1 Zwiebel
2 Fenchelknollen
3 Karotten
100 ml Gemüsebrühe
100 g Sahne
1 Zitrone
4 Lachsfilets
etwas Dill zum Garnieren

Den Backofen auf 200 °C (Ober-/Unterhitze) vorheizen.

Die Kartoffeln schälen, in Scheiben schneiden und in eine Schüssel füllen. Mit Salz, Pfeffer und Paprikapulver würzen und 1 EL Öl untermischen. Die marinierten Kartoffelscheiben auf einem mit Backpapier ausgelegten Backblech verteilen und ca. 30 Minuten im Ofen backen. In der Zwischenzeit die Zwiebel schälen und würfeln. Den Fenchel putzen und in Streifen schneiden. Die Karotten schälen und in Stücke hacken. 2 EL Öl in einer Pfanne erhitzen und die Zwiebelwürfel anschwitzen. Karotten und Fenchel dazugeben und kurz mitdünsten. Mit der Brühe ablöschen und ca. 10–15 Minuten köcheln lassen, dann die Sahne zufügen. Die Zitrone auspressen und den Fisch mit dem Saft beträufeln, salzen und in einer weiteren Pfanne mit etwas Öl anbraten. Das Fenchel-Karotten-Gemüse mit Salz und Pfeffer abschmecken. Alles zusammen servieren und mit etwas Dill garnieren.

Christine Lecker, Biohof Lecker, Laufen

Forelle Müllerin

Für 4 Personen:

4 Forellen
3 EL Zitronensaft
Salz
40 g Mehl
70 g Butterschmalz
etwas Petersilie, gehackt
30 g Butter
Zitronenscheiben zum
    Garnieren

Die Forellen unter fließendem Wasser reinigen. Mit einem Teil des Zitronensaftes beträufeln und ca. 15 Minuten ruhen lassen. Dann die Fische innen und außen salzen und in Mehl wenden, anschließend in Butterschmalz auf beiden Seiten je 10 Minuten goldbraun braten. Danach auf einer vorgewärmten Platte anrichten und mit Petersilie bestreuen.
Die Butter mit dem Bratfett und dem restlichen Zitronensaft erhitzen und damit die Forellen übergießen, mit Zitronenscheiben garnieren.

Franz Diebolder, Lachen

Pochiertes Lachsfilet mit Haselnüssen

Für 5 Personen:

1 kg frisches Lachsfilet
   (ganze Seite, ohne Haut)
1 Lorbeerblatt
1 EL weiße Pfefferkörner
½ EL Salz
2 Bio-Zitronen
etwas Salat zum Anrichten
gehackte Haselnüsse zum
   Garnieren

Das Lachsfilet in 5 Stücke portionieren. 1 l Wasser mit Lorbeerblatt, Pfefferkörnern und Salz zum Kochen bringen. Die Zitronen heiß abwaschen und eine der beiden halbieren. Eine Hälfte auspressen und die zweite in Scheiben schneiden, beides zum Gewürzwasser geben. Dann die Hitze reduzieren, das Wasser darf nicht mehr kochen, Fischstücke einlegen und ca. 10 Minuten gar ziehen lassen. Den Fisch mit einem Schaumlöffel aus dem Sud heben, auf einer mit Salat ausgelegten Platte anrichten und mit den gehackten Nüssen bestreuen. Die zweite Zitrone in Scheiben oder Spalten schneiden und dazuservieren.

Tipp: Zum pochierten Lachsfilet mit Haselnüssen kann eine Remouladensauce gereicht werden.

Josef Neumeier, Haselnusshof Neumeier, Rudelzhausen

Forellenfilet in Curry-Rosensauce

Für 4 Personen:

4 Forellenfilets
Rosensalz aus der Mühle
weißer Pfeffer aus der Mühle
4 EL Mehl
Öl zum Braten

Für die Sauce:
8 EL Crème fraîche
4 EL Mayonnaise
1 TL Currypulver
1 EL Zitronensaft
Rosensalz aus der Mühle
weißer Pfeffer aus der Mühle
1 TL Zucker
einige getrocknete
   Rosenblütenblätter
Rosensirup und Rosenlikör
   (nach Belieben)

Den Fisch abwaschen und trocken tupfen, salzen und pfeffern und in Mehl wenden. Öl in einer Pfanne erhitzen und die Filets goldbraun braten.
Für die Sauce Crème fraîche, Mayonnaise, Curry, Zitronensaft, Rosensalz, Pfeffer und Zucker verrühren. Die Rosenblütenblätter klein schneiden und mit Rosensirup sowie Rosenlikör nach Geschmack zugeben. Die Forelle mit der Sauce anmachen und servieren.

Tipp: Als Beilage eignen sich Butterkartoffeln und Salat.

Petra Bergler-Fischer, Die Delikatessen-Manufaktur, Schwarzenfeld

Spaghetti mit Lachssauce

Für 4 Personen:

Für die Sauce:
250 g Lachsfilet
Salz, Pfeffer
2 EL ÖL
250 ml Wasser
2 EL Zitronensaft
100 ml trockener
Weißwein
4 EL Schmand
1 EL Stärkemehl
1 EL Thymian, gehackt
2 EL Basilikum, gehackt
Zucker

250 g Spaghetti
einige Basilikumblätter

Das Lachsfilet in große Stücke schneiden, mit Salz und Pfeffer würzen. Das Öl erhitzen und die Lachsstücke darin etwa 2 Minuten garen, dann aus der Pfanne nehmen.

Wasser, Zitronensaft und Wein in die Pfanne geben und aufkochen, Schmand einrühren. Das Stärkemehl mit 1 Esslöffel Wasser anrühren und die Sauce damit binden. Kräuter hinzugeben, mit Salz, Pfeffer und Zucker abschmecken. Lachsstücke in die Sauce geben und etwa 5 Minuten bei schwacher Hitze gar ziehen lassen.

Inzwischen für die Nudeln Salzwasser in einem Topf erhitzen und die Spaghetti darin bissfest garen. Danach mit der Lachssauce auf Tellern anrichten und mit Basilikumblättern garnieren.

Margit Angerhofer, Lechbruck

Seelachsfilet in Senfsauce

Für 4 Personen:

Für die Sauce:
200 ml Gemüsebrühe
2–3 EL Crème fraîche
1–2 EL mittelscharfer
    Senf

4 Seelachsfilets
Salz, Pfeffer
etwas Mehl
2 EL Butterschmalz

Brühe mit Crème fraîche und Senf verrühren und in einem Topf bei sanfter Hitze etwa 5 Minuten köcheln lassen, bis die Sauce eine dickliche Konsistenz erreicht hat.

Die Fischfilets mit Salz und Pfeffer würzen, mit Mehl bestäuben und in heißem Butterschmalz auf jeder Seite etwa 4 Minuten braten. Mit der Senfsauce servieren.

Tipp: Dazu passen gut Kartoffelpüree und Buttergemüse.

Margit Angerhofer, Lechbruck

Zander mit Kartoffelkruste auf Rahmsauerkraut

Für 4 Personen:

Für das Rahmsauerkraut:
400 g Sauerkraut
80 g Zucker
120 ml Weißwein
100 g Sahne

Für den Fisch:
4 festkochende Kartoffeln
2 Schalotten
1 Ei
Salz, Muskat
1 EL Petersilie
400 g Zanderfilet,
    küchenfertig
Butterschmalz zum Braten

Für das Rahmsauerkraut Zucker in einem großen Topf karamellisieren lassen, mit Weißwein ablöschen und dann das Sauerkraut dazugeben. Den Wein verkochen lassen, anschließend die Sahne hinzufügen. Mit geschlossenem Deckel bei mittlerer Hitze etwa 40 Minuten köcheln lassen.

Inzwischen den Backofen auf 180 °C vorheizen. Währenddessen für den Fisch die Kartoffeln schälen und fein reiben, die Schalotten ebenfalls. Beides zusammen mit dem Ei vermischen und mit 1 Prise Salz und Muskat würzen, mit der Petersilie gut vermengen.

Das Zanderfilet portionieren, mit 1 Prise Salz würzen und auf der Hautseite in einer Pfanne kurz in Butterschmalz anbraten. Die Kartoffel-Ei-Masse auf die Oberseite (nicht auf die Haut) des Filets streichen und den Fisch wenden, also mit der Kartoffelschicht nach unten kurz anbraten. Anschließend die Filets im heißen Backofen etwa 10 Minuten garen. Den Fisch portionsweise auf dem Rahmkraut anrichten und servieren.

Tipp: Dazu reicht man am besten Salzkartoffeln.

Waltraud Küchle, Memmingen

Serviettenknödel mit Rosmarin und Steinpilzen

Für 4 Personen:

2 EL getrocknete
   Steinpilze
400 ml Milch, plus mehr
   bei Bedarf
10 Semmeln
1 EL Salz
1 große Zwiebel
3 Zweige Rosmarin
1 Bund Petersilie
2 EL Butter
4 Eier
Pfeffer aus der Mühle
Semmelbrösel, bei Bedarf

Zum Servieren (nach
   Belieben):
zerlassene Butter
Semmelbrösel
geriebener Parmesan

Die Steinpilze in 3 EL kaltem Wasser 30 Minuten einweichen. Die Milch lauwarm erhitzen. Die Semmeln würfeln, in eine Schüssel geben, salzen, mit der lauwarmen Milch übergießen und ca. 20 Minuten ziehen lassen. In der Zwischenzeit die Zwiebel schälen und fein würfeln. Rosmarin und Petersilie waschen und trocken tupfen, die Rosmarinnadeln abzupfen und zusammen mit der Petersilie klein schneiden. Die Butter in einer Pfanne zerlassen und die Zwiebel darin glasig dünsten. Petersilie und Rosmarin zufügen und durchschwenken. Die Eier aufschlagen und mit den eingeweichten Pilzen samt Sud zu den Semmeln geben, pfeffern und gut durchkneten. Dann einen Probeknödel formen. Sollte der Teig zu weich sein, etwas Semmelbrösel beimengen, sollte er zu fest sein, etwas Milch zugeben. Die Knödel mit nassen Händen in ca. 20 cm lange Würste (ca. 8 cm Ø) formen und erst in Klarsichtfolie, dann in Alufolie wickeln. Die Enden gut verdrehen und darauf achten, dass der Serviettenknödel nicht zu fest gewickelt ist, er sollte noch etwas aufgehen können.

Ausreichend Wasser in einem Topf zum Kochen bringen, die fertigen Pakete hineinlegen und den Deckel auflegen, anschließend bei reduzierter Hitze im offenen Topf 15–20 Minuten köcheln lassen. Dann auspacken, in etwa 2 cm breite Scheiben aufschneiden und servieren.

Nach Belieben können zerlassene Butter und Semmelbrösel sowie Parmesan dazuserviert oder die Scheiben in der Pfanne kurz in Butter angeröstet werden.

Tipp: Serviettenknödel passen perfekt zu allem mit Sauce, z. B. Schwammerl in Rahmsauce, Schmorgerichte mit dunkler Sauce etc., oder auch zu Salat.

Christian Kohn, Loth Hof Laden, Hausham

Bandnudeln mit Schwarzwurzel-Curry-Sauce

Für 4 Personen:

Salz
300 g Bandnudeln
500 g Schwarzwurzeln
etwas Zitronensaft
1 große Zwiebel
1 Knoblauchzehe
2 EL Butter
1 EL Currypulver
100 ml Weißwein
Pfeffer aus der Mühle
300 ml Gemüsebrühe
3 Karotten
200 g Sahne

Reichlich Salzwasser in einem Topf erhitzen und Bandnudeln bissfest kochen. In der Zwischenzeit die Schwarzwurzeln waschen, schälen, in Scheiben schneiden und in einer Mischung aus Zitronensaft und etwas Wasser einlegen. Zwiebel und Knoblauch schälen und fein hacken. Butter in einer Pfanne zerlassen, abgetropfte Schwarzwurzeln darin anschwitzen. Zwiebeln und Knoblauch zufügen und kurz mitdünsten. Mit Curry bestäuben und dem Weißwein ablöschen, danach etwas einreduzieren lassen. Mit Salz und Pfeffer würzen und die Gemüsebrühe zugeben. Alles ca. 10 Minuten weiterköcheln lassen. Die Karotten schälen, in kleine Würfel schneiden, der Sauce zufügen und für weitere 10 Minuten garen. Die Sahne eingießen, mit Salz, Pfeffer und Zitronensaft abschmecken. Die Nudeln abtropfen lassen und mit der Sauce servieren.

Christine Lecker, Biohof Lecker, Laufen

Zucchini-Zitronen-Nudeln

Für 4 Personen:

Salz
300 g Bandnudeln
400 g Zucchini
2 EL Olivenöl
1 Bio-Zitrone
1-2 Knoblauchzehen
Salz und Pfeffer aus der
  Mühle
100 g geriebener
  Parmesan

Salzwasser in einem Topf erhitzen und die Bandnudeln bissfest kochen. In der Zwischenzeit die Zucchini waschen und mit einem Sparschäler bis zum Kerngehäuse in dünne Streifen schneiden. Öl in einer Pfanne erhitzen, Zucchinistreifen anbraten, bis sie leicht braun sind. Die Zitrone heiß waschen und die Schale abreiben. Den Knoblauch schälen und fein hacken. Zitronenschale und Knoblauch zu den Zucchini geben und kurz mitbraten. Die fertigen Nudeln abtropfen lassen und unter die Zucchini mischen, mit Salz und Pfeffer würzen. Die Zitrone auspressen und je nach Geschmack den Nudeln beimengen. Die Zucchini-Zitronen-Nudeln servieren und den Parmesan dazureichen.

Christine Lecker, Biohof Lecker, Laufen

Spaghetti mit Wildkräutern

Für 4 Personen:

Salz
500 g Dinkelspaghetti
6 EL Sonnenblumenkerne
4 Schalotten
3 Knoblauchzehen
150 ml Olivenöl
1 Bund Wildkräuter (z. B. Löwenzahn, Giersch, Bärlauch, Schafgarbe)
Salz und Pfeffer aus der Mühle
Parmesan (nach Belieben)

In einem großen Topf reichlich Salzwasser zum Kochen bringen und die Spaghetti darin bissfest garen. Derweil die Sonnenblumenkerne in einer Pfanne ohne Öl goldbraun rösten und beiseitestellen. Schalotten und Knoblauch schälen und klein hacken. Das Öl in der Pfanne erhitzen und das Gemüse glasig dünsten. Die Kräuter waschen, die Blättchen von den Stielen zupfen, fein schneiden und mit in die Pfanne geben. Alles durchschwenken, mit Salz und Pfeffer abschmecken und Sonnenblumenkerne zufügen. Die fertigen Spaghetti in ein Sieb abgießen und gut abtropfen lassen. In eine Schüssel geben und mit dem Pfanneninhalt vermischen. Den Parmesan reiben, auf den Nudeln verteilen und servieren.

Christine Huber, Kräuteria am Kreuthof, Puchheim

Couscous-Gemüse-Pfanne mit Feta

Für 4 Personen:

Salz
200 g Couscous
3 Karotten
250 g Steinchampignons
3 EL Olivenöl
Pfeffer aus der Mühle
6 Stängel Petersilie
100 g Feta

Für den Zitronenjoghurt:
1 Zitrone
150 g Naturjoghurt
Salz und Pfeffer aus der Mühle

250 ml Wasser mit ½ TL Salz aufkochen und vom Herd nehmen. Den Couscous einrühren und mit aufgelegtem Deckel 5 Minuten ziehen lassen, dabei mit einer Gabel immer wieder auflockern. Die Karotten schälen und würfeln. Die Pilze putzen und in Scheiben schneiden. Öl in einer Pfanne erhitzen, Karotten und Champignons darin anbraten, mit Salz und Pfeffer würzen. Den Couscous dazugeben und kurz weiterbraten. Die Petersilie waschen, trocken tupfen und klein schneiden, den Käse fein würfeln und beides unterheben.

Dann die Zitrone auspressen und den Saft mit dem Joghurt vermischen, mit Salz und Pfeffer abschmecken. Die fertige Gemüsepfanne mit dem Zitronenjoghurt servieren.

Christine Lecker, Biohof Lecker, Laufen

Quiche mit Wildkräutern und Pilzen

Für 1 Quiche:

Für den Mürbeteig:
200 g Vollkornmehl
100 g weiche Butter, plus
  mehr für die Form
1 ½ TL Salz

Für den Belag:
½ Stange Lauch
100 g Pilze
180 g Wildkräuter
50 g Butter
Salz und Pfeffer aus der
  Mühle
3 Eier
250 g Sahne
125 g geriebener Käse

Quicheform

Das Mehl in eine Schüssel sieben, Butter, Salz und 7 EL Wasser zugeben und zu einem Mürbeteig verkneten. Dann 2 Stunden im Kühlschrank ruhen lassen. Die Quicheform einfetten, Teig hineingeben und am Boden und den Rändern flach andrücken. Den Backofen auf 190 °C (Ober-/Unterhitze) vorheizen.

Lauch halbieren und gut auswaschen, Pilze putzen, dann beides zerkleinern. Die Kräuter waschen, trocken schütteln und fein schneiden. Die Butter in einer Pfanne zerlassen und das Gemüse mit den Wildkräutern andünsten, mit Salz und Pfeffer abschmecken, etwas abkühlen lassen und auf dem Teig verteilen. Die Eier mit der Sahne verquirlen, den Käse unterheben und ebenfalls in die Form geben. Die Quiche 30 Minuten im Ofen backen, bis die Oberfläche angebräunt ist. Etwas abkühlen lassen, in Stücke teilen und servieren.

Christine Huber, Kräuteria am Kreuthof, Puchheim

Pilzragout

Für 4 Personen:

800 g gemischte Pilze
  (z. B. Champignons,
  Pfifferlinge)
1 EL Butter
1 Zwiebel
1 TL abgeriebene Bio-
  Zitronenschale
100 g Sahne
100 ml Gemüsebrühe
Salz und Pfeffer aus der
  Mühle
3 Stängel Petersilie,
  plus etwas mehr zum
  Servieren
4 EL Sauerrahm

Die Pilze putzen und nach Belieben klein schneiden. Butter in einer Pfanne erhitzen, Zwiebel abziehen, würfeln und andünsten, Pilze zugeben und unter Rühren ca. 2 Minuten braten. Zitronenschale, Sahne und Brühe zugießen und etwa 8 Minuten einköcheln lassen. Mit Salz und Pfeffer würzen. Die Petersilie abbrausen, trocken schütteln, klein schneiden und mit dem Sauerrahm zum Schluss zugeben.

Tipp: Das Pilzragout wird am besten mit den Bayerischen Semmelknödeln von Seite 35 serviert.

Tatjana Miers, Rosenheim

Emmer-Bratlinge mit Leindotteröl-Quark

Für ca. 30 Stück:

Für die Bratlinge:
300 g Perl-Emmer
600 ml Gemüsebrühe
1 Knoblauchzehe
1 Zwiebel
½ Bund Schnittlauch
¼ Zucchini
¼ Paprikaschote
2 Eier
Salz und Pfeffer aus der
    Mühle
Butter oder Kokosöl zum
    Braten

Für den Quark:
1 Knoblauchzehe
350 g Quark
Schnittlauchröllchen
2 EL Leindotteröl
Salz und Pfeffer aus der
    Mühle

Das Perl-Getreide mit der Brühe zum Kochen bringen und 20-25 Minuten köcheln. Dann 10 Minuten ausquellen und etwas abkühlen lassen. Knoblauch und Zwiebel schälen und klein würfeln. Den Schnittlauch waschen, trocken tupfen und in Röllchen teilen. Zucchini und Paprikaschote waschen. Die Zucchini raspeln und die Paprika sehr fein schneiden. Alles mit dem gequollenen Getreide und den Eiern in einer Schale mischen. Mit Salz und Pfeffer würzen. Butter oder Öl in einer Pfanne erhitzen. Aus der Mischung mit zwei Esslöffeln Bratlinge formen, in die Pfanne geben, flach drücken und von beiden Seiten knusprig braun braten.

Für den Quark den Knoblauch schälen und durch eine Presse in eine Schale drücken. Mit Quark, Schnittlauchröllchen, Öl sowie Salz und Pfeffer verrühren und zu den Bratlingen reichen.

Tipp: Zu den Emmer-Bratlingen mit Quark schmeckt ein grüner Salat.

Julia Reimann, Chiemgaukorn, Trostberg

111

Kürbisstrudel mit Sauerrahm-Dip

Für 4 Personen:

1 Hokkaidokürbis
2 Knoblauchzehen
Rapsöl zum Dünsten
2 TL indisches
    Currypulver
Chiliflocken (nach
    Belieben)
125 ml Gemüsebrühe
Salz und Pfeffer aus der
    Mühle
200 g Feta
etwas Ingwer
4 Blätter dünner
    Strudelteig (aus dem
    Kühlregal)

Für den Dip:
1 Knoblauchzehe
1 Bund Schnittlauch
200 g Sauerrahm
Salz und Pfeffer aus der
    Mühle
1 EL Balsamicoessig

feuerfeste Form

Den Hokkaidokürbis gut waschen, halbieren, den Stielansatz und Kerne entfernen und grob raspeln. Die Knoblauchzehen schälen und in feine Blättchen schneiden. Öl in einer Pfanne erhitzen und Curry, Chiliflocken und Knoblauch darin kurz andünsten, Kürbis und Gemüsebrühe zugeben und bei mittlerer Hitze etwa 10 Minuten garen, bis die Flüssigkeit aufgesogen ist. Mit Salz und Pfeffer abschmecken. Gemüse etwas abkühlen lassen. Feta klein würfeln, Ingwer schälen, raspeln und beides zufügen.
Den Backofen auf 180 °C (Ober-/Unterhitze) vorheizen.
Die Füllung auf dem entrollten Teig verteilen und darin einwickeln. Strudel in die Ofenform geben, mit Rapsöl bestreichen und ca. 30 Minuten im Ofen backen.
Währenddessen für den Dip die Knoblauchzehe schälen und pressen, den Schnittlauch waschen, trocken schütteln und fein schneiden und mit Sauerrahm, Salz, Pfeffer und Balsamico gut vermischen.

Tipp: Zum Kürbisstrudel mit Sauerrahm-Dip passt ein gemischter Salat.

Birgit Keßler-Prusko, Ferienhof Arche, Edling

Kürbislasagne

Für 4–6 Personen:

1–2 Kürbisse (z. B.
  Hokkaido, Butternut)
1 Zwiebel
1 Knoblauchzehe
Olivenöl zum Braten
200 g Crème fraîche oder
  Schmand
Salz und Pfeffer aus der
  Mühle
1 TL Sojasauce
1 Prise Kräutersalz
1 Prise gemahlenes
  Kurkuma
1 Prise Paprikapulver
1 Prise getrocknete
  Brennnessel
geriebener Käse zum
  Bestreuen

Für die Béchamelsauce:
60 g Butter, plus etwas
  mehr zum Einfetten
60 g Dinkelmehl
600 ml Milch
Salz und Pfeffer aus der
  Mühle
1 Prise frisch geriebene
  Muskatnuss
gemahlenes Kurkuma
  oder Paprikapulver
  (nach Belieben)

Für die Nudelplatten:
500 g Dinkelmehl
5 Eier
1 Prise Salz
ca. 200 ml Öl (z. B.
  Sonnenblumenöl)

große Auflaufform
Nudelmaschine oder
  Nudelholz

Die Kürbisse waschen und je nach Sorte schälen (alle außer Hokkaido), halbieren und mit einem Esslöffel die Kerne entfernen. Die Kürbishälften in kleine Stücke schneiden. Zwiebel und Knoblauch schälen und klein würfeln. Olivenöl in einer Pfanne erhitzen und beides andünsten. Den Kürbis zugeben, kurz mitbraten und mit etwas Wasser aufgießen. Crème fraîche einrühren und mit Salz, Pfeffer, Soja und den übrigen Gewürzen abschmecken. Zugedeckt bei schwacher Hitze ca. 20 Minuten köcheln lassen.

Für die Béchamelsauce die Butter in einem Topf erhitzen und das Mehl darin andünsten. Die Milch portionsweise unter Rühren dazugießen. Sauce aufkochen lassen und darauf achten, dass keine Klümpchen entstehen. Mit Salz, Pfeffer und Muskat würzen, nach Belieben mit Kurkuma oder Paprikapulver abschmecken.

Für die Nudelplatten das Mehl in eine Schüssel sieben, Eier, Salz, Öl und etwas Wasser zugeben und mithilfe der Knethaken des Handrührgeräts einen Nudelteig herstellen. Diesen in 5–6 Portionen teilen. Mit der Nudelmaschine oder mit einem Nudelholz dünn ausrollen und zu rechteckigen Platten in der Größe der Auflaufform schneiden.

Den Backofen auf 175 °C (Ober-/Unterhitze) vorheizen.

Die Auflaufform einfetten und eine Nudelplatte hineinlegen. Darauf eine Schicht Kürbisgemüse geben, Béchamelsauce darüber verteilen und mit Käse bestreuen. So weiter verfahren, bis alle Zutaten verbraucht sind. Mit einer Schicht Béchamelsauce abschließen, damit die Lasagneplatten Feuchtigkeit zum Garen haben. Den restlichen geriebenen Käse über die Lasagne streuen. Im Ofen etwa 50–60 Minuten backen, bis der Käse zerlaufen und goldbraun ist.

Miriam Stadler, Stadler-Hof, Großgundertshausen

Kürbis-Auberginen-Lasagne

Für 8 Personen:

2 Auberginen
3 Tomaten
1 kg Kürbis (mehlig
    wie Hokkaido oder
    vorwiegend festfleischig
    wie Hubbard, Delica etc.)
2 EL Öl
1 Zwiebel
1 Knoblauchzehe
1 kleine Stange Lauch
Salz und Pfeffer aus der
    Mühle
1 Prise Cayennepfeffer
Basilikumblätter

Für die Béchamelsauce:
30 g Butter oder
    Margarine
40 g Mehl
125 ml Milch
125 ml Gemüsebrühe
3 Eigelb
150 g Hartkäse
Salz und Pfeffer aus der
    Mühle

Kasserolle

Die Auberginen waschen, den Strunk entfernen und längs in 0,5 cm starke Scheiben schneiden. Die Tomaten ebenfalls waschen, den Stielansatz entfernen und vierteln. Den Kürbis (außer Hokkaido) schälen, entkernen und in 2 cm große Würfeln teilen. Öl in einer Pfanne erhitzen, die Auberginenscheiben portionsweise anbraten und anschließend auf Küchenpapier abtropfen lassen. Zwiebel und Knoblauch schälen, Zwiebel fein hacken und Knoblauch zerdrücken. Den Lauch gut waschen und in Röllchen schneiden. Alles im restlichen Öl goldbraun andünsten, den Kürbis dazugeben und 3-4 Minuten garen, dabei das Gemüse wenden, dann die Tomaten unterheben. Mit Salz, Pfeffer und Cayennepfeffer würzen, das Basilikum waschen, trocken schütteln, klein schneiden und dazugeben, dann alles beiseitestellen.

Den Backofen auf 180 °C (Ober-/Unterhitze) vorheizen.

In einer Kasserolle die Butter zergehen lassen, Mehl zugeben und vermengen. Die Kasserolle von der Herdplatte nehmen, mit Milch und Brühe aufgießen, cremig aufschlagen und unter Rühren aufkochen lassen. Die Kasserolle wieder beiseitestellen, Eigelbe und 100 g Käse unterheben, die Sauce mit Salz und Pfeffer abschmecken und diese unter das Kürbisgemüse heben. In einer Auflaufform Auberginenscheiben abwechselnd mit der Kürbis-Béchamel-Mischung schichten, letzteres als oberste Lage. Mit dem restlichen Käse bestreuen und im Ofen 30-40 Minuten backen.

Walburga Loock, Hofgut Sickertshofen, Schwabhausen

Involtini di Zucchini

Für 2 Personen:

Für die Füllung:
1 EL Öl
40 g Butter
1 Knoblauchzehe
50 g Pinienkerne
100 g Semmelbrösel
3 Stängel Basilikum
1 TL Kräuter der Provence
Salz und Pfeffer aus der
    Mühle
100 g geriebener
    Parmesan

Für den Belag:
1 länglicher Kürbis
    (ca. 300 g) (Zucchini,
    Butternut, Trompeta,
    Trombolino)
200 g Mozzarella
100 g getrocknete
    Tomaten
1 TL gehackte
    Rosmarinnadeln

8 Holzspießchen

Den Backofen auf 180 °C (Ober-/Unterhitze) vorheizen.

Öl und Butter mischen und in einer Pfanne erhitzen. Den Knoblauch schälen und durch eine Presse dazudrücken, Pinienkerne und Semmelbrösel zufügen und in der Pfanne rösten. Das Basilikum waschen, trocken tupfen und klein schneiden. Zusammen mit den Kräutern, Salz und Pfeffer sowie Parmesan unterziehen und die Paste abschmecken.

Den ungeschälten Kürbis entstielen (bei Butternut, Trompeta oder Trombolino das dicke Ende abschneiden und auf ca. 30 cm kürzen). Mit der Brotmaschine in 3 mm dünne Längsscheiben schneiden, die äußeren Scheiben entsorgen. Den Mozzarella ebenfalls längs in Scheiben schneiden. Die Kürbisscheiben mit der Paste bestreichen, dabei 1 EL übrig lassen, dann mit Mozzarella belegen, Tomaten darauf verteilen, längs aufrollen und mit einem Holzspießchen feststecken. Die Röllchen auf ein mit Backpapier ausgelegtes Blech legen und die restliche Paste und den Rosmarin darauf verteilen, dann 20 Minuten im Ofen backen.

Tipp: Die Kürbisscheiben können wahlweise auch noch mit Serranoschinken belegt werden.

Walburga Loock, Hofgut Sickertshofen, Schwabhausen

Zucchinifetzen mit Reis

Für 2–4 Personen:

Für den Reis:
1 EL Pflanzenöl
1 Zwiebel
Salz
1 Schuss Weißwein
250 g Langkornreis

Für die Zucchinifetzen:
100 g Mandelblättchen
2 mittelgroße Zucchini
1 Zitrone
2 Knoblauchzehen
1 TL italienische Kräuter
Salz und Pfeffer aus der
    Mühle
Mehl zum Panieren
Butter- oder Kokosfett zum
    Braten

Das Öl in einem Topf erhitzen. Die Zwiebel schälen, fein würfeln und im heißen Öl bei mittlerer Hitze glasig dünsten. Dann mit etwas Salzwasser aufgießen, mit Wein versetzen und den Reis darin ca. 10 Minuten bissfest kochen. Bei Bedarf Wasser nachgießen, der Reis sollte anfangs bedeckt, zum Schluss aber kein überschüssiges Wasser mehr im Topf sein.

Inzwischen die Mandelblättchen in einer Pfanne ohne Fett bei niedriger Temperatur hellgolden rösten. Die Zucchini waschen, den Stielansatz entfernen und längs in dünne Scheiben schneiden. Die Zitrone ausdrücken, den Knoblauch schälen und pressen. Zitronensaft, Knoblauch, Kräuter, Salz und Pfeffer verrühren. Ausreichend Mehl auf einem flachen Teller zum Panieren vorbereiten. Die Zucchini erst im gewürzten Zitronensaft, dann im Mehl wenden. Das Fett in einer Pfanne erhitzen und die panierten Zucchinischeiben darin goldbraun ausbraten.

Zum Anrichten mit den Mandelblättchen bestreuen und mit dem Reis servieren.

Tipp: Zu den Zucchinifetzen mit Reis passen außerdem ein Knoblauchbaguette oder die Knoblauchsemmeln von Seite 50.

Irmgard Kinker, Berghof Kinker, Rosshaupten

Zucchinischnitzel im Bierteig mit Joghurt

Für 2 Personen:

150 g Mehl
1 Msp. Backpulver
Salz und Pfeffer aus der
Mühle
1 Ei
100 ml Weizenbier oder
Mineralwasser
2–3 Zucchini
250 ml Öl zum Braten

Für den Joghurt-Dip:
250 g Naturjoghurt
Salz und Pfeffer aus der
Mühle
1 Bund Kräuter (z. B.
Schnittlauch, Petersilie,
Basilikum oder Minze)

Für die Schnitzel Mehl und Backpulver mischen, in eine Schüssel sieben und Salz zufügen. Ei und Bier oder Wasser unterrühren, bis ein glatter Teig entsteht und 30 Minuten ruhen lassen. Die Zucchini waschen und in 1 cm dicke Scheiben schneiden, salzen und pfeffern. Das Öl im Wok oder in einer hohen Pfanne erhitzen. Die Scheiben erst in den Teig tauchen und dann goldbraun im Öl ausbacken. Auf einem Küchenkrepp abtropfen lassen.

In der Zwischenzeit Joghurt mit Salz und Pfeffer mischen. Die Kräuter waschen und trocken tupfen, fein hacken und dem Joghurt beimengen. Die Zucchinischnitzel mit dem Dip servieren.

Elisabeth Ettl, Bayerwaldgemüse Ettl, Rattenberg

Gefüllte Spitzpaprika

Für 4 Personen:

2 EL Pinienkerne
6 Spitzpaprika (rot oder
grün)
200–250 g
Ziegenfrischkäse
3–4 EL Crème fraîche
ca. 4 EL geriebener
Bergkäse (z. B. Comté)
1 Ei
1 Knoblauchzehe
20 Basilikumblätter
Salz und Pfeffer aus der
Mühle
2–3 EL Olivenöl, plus mehr
für die Form

Den Backofen auf 180 °C (Ober-/Unterhitze) vorheizen. Die Pinienkerne trocken in einer Pfanne rösten, dann abkühlen lassen. Die Paprikaschoten waschen, durch den Stiel längs halbieren und Kerne sowie Trennwände entfernen. Frischkäse, Crème fraîche, Bergkäse und Ei in einer Schüssel verrühren. Den Knoblauch schälen, pressen und zugeben. Das Basilikum abbrausen und trocken tupfen, 12 Blätter davon klein schneiden und mit den Pinienkernen unter die Käsecreme rühren. Mit Salz und Pfeffer würzen und die Creme auf die Paprikahälften verteilen. Eine Auflaufform einölen, den Boden mit 2–3 EL Wasser benetzen und die gefüllten Paprika hineinlegen. Im Ofen auf der mittleren Schiene etwa 30 Minuten überbacken.

Vor dem Servieren Olivenöl darüberträufeln und mit dem restlichen Basilikum garnieren.

Tatjana Miers, Rosenheim

Ofenrösti mit Rosenkohl

Für 4 Personen:

1,2 kg festkochende
   Kartoffeln
2 Zwiebeln
1 EL Mehl
Salz und Pfeffer aus der
   Mühle
3 Eier
2 EL Butter
etwas geriebener Käse

Für das Gemüse:
800 g Rosenkohl
Salz
1 Zwiebel
200 g Champignons
1 EL Butter
Salz und Pfeffer aus der
   Mühle
200 g Sahne
100 ml Gemüsebrühe
frisch geriebene
   Muskatnuss
1–2 TL Senf
Speisestärke (nach
   Belieben)

Tarteform (30 cm Ø)

Den Backofen auf 220 °C (Ober-/Unterhitze) vorheizen. Die Tarteform mit Backpapier auslegen.

Die Kartoffeln schälen, waschen, eine Hälfte grob, den Rest fein reiben. Die Zwiebeln abziehen und fein würfeln. Kartoffeln und Zwiebelwürfel in einem Tuch ausdrücken, Flüssigkeit auffangen und stehen lassen, bis sich die Kartoffelstärke abgesetzt hat. Dann das Wasser vorsichtig abgießen und die Stärke mit Kartoffeln, Mehl, Salz, Pfeffer und Eiern mischen. In die vorbereitete Tarteform füllen und die Butter in Flöckchen darübergeben. Im Ofen auf mittlerer Schiene ca. 50 Minuten backen. Die Temperatur dabei nach 30 Minuten auf 200 °C reduzieren und die Form, falls die Kartoffeln zu schnell bräunen, mit Alufolie abdecken. 5 Minuten vor Ende der Garzeit den geriebenen Käse über das Rösti streuen.

Inzwischen den Rosenkohl putzen, abbrausen und am Strunk kreuzweise einritzen. In Salzwasser ca. 10 Minuten garen, dann herausheben und kalt abspülen. Die Zwiebel schälen und in Ringe schneiden. Die Champignons putzen und halbieren. Die Butter in einer Pfanne zerlassen, Zwiebel und Pilze ca. 5 Minuten darin anbraten und mit Salz und Pfeffer kräftig würzen. Sahne und Brühe eingießen, nachwürzen, mit Muskat und Senf abschmecken und 5 Minuten einköcheln lassen. Die Sauce nach Belieben mit Speisestärke binden. Rosenkohl zugeben und kurz erhitzen. Das Rösti mit dem Rosenkohl-Pilz-Gemüse servieren.

Tipp: Das Ofenrösti gelingt auch mit gekochten Kartoffeln, dafür aber eine mehlig kochende Sorte verwenden.

Tatjana Miers, Rosenheim

Spargel mit Haselnussvinaigrette

Für 4 Personen:

2 kg weißer Spargel
2 EL Zucker
70 g Haselnüsse
2 Zwiebeln
4 EL Weißweinessig
9 EL Haselnussöl
1 EL Honig
Salz und Pfeffer aus der
  Mühle
½ Bund Petersilie
ein paar Stängel Kerbel
  und Estragon

Den Spargel schälen und in kochendes, gezuckertes Wasser geben. Je nach Stangendicke ca. 15–20 Minuten bei mittlerer Hitze gar ziehen lassen. Währenddessen für die Vinaigrette die Haselnüsse hacken und in einer Pfanne ohne Fett langsam rösten. Die Zwiebeln schälen und fein würfeln, mit Essig, Öl und Honig mischen und mit Salz und Pfeffer abschmecken. Die Kräuter waschen, trocken tupfen und fein hacken. Die Haselnüsse zusammen mit der Vinaigrette nochmals leicht erwärmen. Die Kräuter dazugeben und auf dem gekochten Spargel verteilen.

Josef Neumeier, Haselnusshof Neumeier, Rudelzhausen

Panierter Spargel

Für 4 Personen:

1 kg dicker Spargel
Salz
4 EL Mehl
3 Eier
1 Prise Salz
6 EL Paniermehl oder
  Semmelbrösel
Fett zum Braten

Den Spargel schälen, die holzigen Enden abschneiden und in Salzwasser bissfest kochen. Drei separate Teller mit jeweils Mehl, Eier mit Salz und Paniermehl bereitstellen. Den Spargel zuerst im Mehl wenden, dann in den Eiern und zuletzt im Paniermehl, bis jede Spargelstange rundum gut paniert ist. Das Fett in einer Pfanne erhitzen und den Spargel braten, bis die Panade goldbraun ist.

Tipp: Zum panierten Spargel passt sehr gut etwas Remoulade und ein bunter Salat.

Elisabeth Zott, Spargelhof Zott, Fischach

Linsencurry

Für 4 Personen:

etwas Öl zum Braten
1 große Zwiebel
2 Knoblauchzehen
1–2 TL Currypulver
3 EL Tomatenmark
850 ml Gemüsebrühe
200 g Beluga-Linsen
Salz und Pfeffer aus der
    Mühle
50 g Butter
3 Scheiben Brot
Schmand oder Sojasahne
    und frische Kräuter zum
    Servieren

Öl in einem Topf erhitzen. Zwiebel und Knoblauch schälen, klein schneiden und glasig dünsten. Curry und Tomatenmark einrühren und die Brühe dazugießen. Die Linsen zugeben, mit Salz und Pfeffer abschmecken, einmal aufkochen und mit geschlossenem Deckel auf mittlerer Hitze 20 Minuten köcheln lassen.

Butter in einer Pfanne zerlassen, Brotscheiben in kleine Würfel schneiden und darin anrösten. Das Linsencurry mit einem Klecks Schmand oder Sojasahne, frischen Kräutern und den Brotwürfeln servieren.

Tipp: Zum Linsencurry passt Reis oder Perl-Getreide.

Julia Reimann, Chiemgaukorn, Trostberg

Spinatspätzle mit Käse überbacken

Für 2–3 Personen:

Für die Spätzle:
150 g Spinat, tiefgekühlt
250 g Mehl
2 Eier
1 TL Salz
5 EL Wasser

2 Zwiebeln
250 g Champignons
1 Becher Crème fraîche
Salz, Pfeffer, Muskat
150 g Allgäuer
Emmentaler, gerieben
Fett zum Dünsten
Fett für die Form

Spinat mit ein wenig Wasser in einen Topf geben und bei schwacher Hitze auftauen lassen. Aus Mehl, Eiern, Salz, Spinat und 5 Esslöffel Wasser einen zähen Teig herstellen. Salzwasser in einem Topf erhitzen. Den Teig mit dem Spätzlehobel ins Wasser hobeln. Spätzle kurz aufkochen lassen und dann durch ein Sieb abgießen. Die fertigen Spätzle in eine gefettete Auflaufform geben.

Den Backofen auf 200 °C vorheizen. Inzwischen für die Sauce die Zwiebeln fein würfeln, die Champignons waschen, putzen und in Scheiben schneiden. Fett in einer Pfanne erhitzen, Zwiebeln und Champignons hineingeben und andünsten. Crème fraîche unterrühren, kurz erhitzen und alles mit Salz, Pfeffer und Muskat abschmecken. Die Sauce über die Spätzle geben und den Käse darüberstreuen. Im heißen Backofen etwa 10 Minuten überbacken.

Tanja Hindelang, Nesselwang

Allgäuer Kässpätzle

Für 5–6 Personen:

Für den Spätzleteig:
500 g Mehl
3 Eier
1 TL Salz
250 ml Milch

Für die Käsemischung:
3 Zwiebeln
50 g Butter
50 g Butterschmalz
250 g Gouda oder
   Bergkäse
50 g Backsteinkäse
Salz und Pfeffer aus der
   Mühle

feuerfeste Form
Spätzlehobel
Schaumlöffel

Das Mehl in eine Schüssel sieben und in die Mitte eine Mulde drücken. Eier, Salz und Milch zugeben und vorsichtig mit dem Mehl vermischen. So lange kneten, bis der Teig homogen und zähflüssig ist. Den Spätzleteig 15 Minuten ruhen lassen.

Die Zwiebeln schälen und in feine Ringe schneiden. Butter und Schmalz in einer Pfanne zergehen lassen und die Zwiebelringe anbräunen. Gouda reiben und Backsteinkäse in kleine Würfel schneiden. Reichlich Salzwasser zum Kochen bringen und den Spätzleteig portionsweise hineinhobeln. Wenn die Spätzle oben schwimmen, mit einem Schaumlöffel herausnehmen, abtropfen lassen und den Boden der Auflaufform damit bedecken. Dann einen Teil vom Käse darüberstreuen, wieder eine Schicht Spätzle und eine Schicht Käse darübergeben. Die letzte Schicht sollte aus Spätzle bestehen. Mit Salz und Pfeffer würzen und alles vorsichtig untermischen. Die inzwischen gebräunten, noch heißen Zwiebelringe über den Kässpätzle verteilen und servieren.

Silvia Hartmann, Hartmannhof, Altenstadt-Bergenstetten

Wintereintopf mit Linsen

Für 3–4 Personen:

100 g Beluga-Linsen
100 g ganzer Buchweizen
150 g »Bayerischer Reis«
   (Urgetreide-Mix aus
   Dinkel, Emmer und
   Einkorn)
1 l Gemüsebrühe
½ Stange Lauch
1 kleine Zwiebel
2 Kartoffeln
1 Pastinake
2 Karotten
etwas Butter oder Öl
Salz und Pfeffer

Linsen, Buchweizen und Bayerischen Reis mit der Gemüsebrühe in einem Topf aufkochen, dann bei geringer Hitze mit Deckel 20 Minuten köcheln lassen. Den Lauch von welken Blättern befreien und gut waschen, dann in Ringe schneiden. Zwiebel, Kartoffeln, Pastinake und Karotten schälen und alles klein würfeln. Die Butter in einer Pfanne zerlassen, das Gemüse anbraten, Wasser zugeben, bis das Gemüse vollständig bedeckt ist und bissfest garen. Dann zu den Linsen und dem Getreide mischen und mit Salz und Pfeffer abschmecken.

Julia Reimann, Chiemgaukorn, Trostberg

Käseterrine mit Haselnüssen

Für 4 Personen:

100 g Haselnüsse
200 g Cheddar
200 g Gouda, mittelalt
   oder alt
200 g Crème fraîche
4 Eier
2 TL mittelscharfer Senf
etwas frisch geriebene
   Muskatnuss
etwas Butter zum
   Einfetten
8 Cracker (Salzbiskuits)

*Kastenform (ca. 750 ml
Inhalt)*

Den Backofen auf 200 °C (Ober-/Unterhitze) vorheizen. Haselnüsse in einer Pfanne trocken rösten, auf ein Tuch geben und die Häutchen abrubbeln. Cheddar und Gouda fein würfeln. Crème fraîche in einer Schale mit Eiern und Senf verrühren und mit Muskat würzen. Die Form ausbuttern, die Cracker zerkrümeln und die Form damit ausstreuen. Dann die Käsewürfel einschichten und die Nüsse darüber verteilen. Mit der Crème-fraîche-Mischung abschließen. Im Ofen über einem mit Wasser gefüllten Backblech 50–55 Minuten stocken lassen. Danach die Terrine aus dem Wasserbad nehmen und auskühlen lassen. Vor dem Anschneiden für mindestens 1 Stunde in den Kühlschrank stellen.

Josef Neumeier, Haselnusshof Neumeier, Rudelzhausen

Käsefondue

Für 4 Personen:

1 Knoblauchzehe
300 ml trockener
   Weißwein (z. B. Riesling)
1 Prise Salz
800 g Reibekäsemischung
Pfeffer aus der Mühle
1 Schuss Kirschwasser
   (nach Belieben)
Baguette oder Bauernbrot

Die Knoblauchzehe schälen und für das Fondue einen Kochtopf damit einreiben. Dann den Wein einfüllen und salzen. Den Wein einmal aufkochen lassen, damit der Alkohol verdampft und unter ständigem Rühren die Reibekäsemischung nach und nach zugeben. Solange rühren, bis eine homogene Masse entstanden ist, nach Belieben mit Pfeffer und Kirschwasser abschmecken. Das Käsefondue in einen Fonduetopf umfüllen und das Brot zum Dippen in Würfel schneiden.

Andreas Wahl, Naturkäserei Tegernseerland, Kreuth am Tegernsee

Süßspeisen
Desserts
Kuchen

Kirschmichel

Für 6–8 Personen:

1 Bio-Zitrone
etwa 750 ml Milch
3 Eier
60–80 g Zucker
1 Prise Salz
8 alte Weizenbrötchen
750 g–1 kg entsteinte
    Kirschen
Fett für die Auflaufform
einige Butterflocken

Den Backofen auf 175 °C (Ober-/Unterhitze) vorheizen.
Die Zitrone heiß abwaschen und die Schale abreiben. Den Abrieb mit der Milch, Eiern, Zucker und Salz in einer Schüssel gut verquirlen. Die Semmeln in etwa 0,5 cm breite Scheiben schneiden, mit einem großen Teil der Eiermilch übergießen und durchziehen lassen, den Rest zurückbehalten. Dann die eingeweichten Semmeln abwechselnd mit den Kirschen in eine gebutterte Auflaufform schichten. Die oberste Schicht sollte mit Semmeln abschließen. Die restliche Eiermilch darübergießen und mit Butterflöckchen bestreuen. Kirschmichel im Ofen ca. 30–45 Minuten backen.

Tipp: Kann auch mit Äpfeln, Zwetschgen oder Rosinen und gemahlenen Nüssen zubereitet werden.

Angelika Melzow, Gasthof Alter Wirt, Dießen-Obermühlhausen

Schneller Kirschmichel

Für 4 Personen:

250 g Mehl
250 ml Milch
etwas Salz
4 Eier
50 g weiche Butter
3 EL Zucker
300 g Sauerkirschen
Puderzucker zum
    Bestäuben

Den Ofen auf 180 °C (Über-/Unterhitze) vorheizen.
Das Mehl in eine Schüssel sieben, mit Milch und Salz vermengen, Eier unterrühren und den Teig zu einer glatten Masse verarbeiten.
Den Bräter mit der Butter ausstreichen und mit dem Zucker ausstreuen. Dann den Teig eingießen und die Kirschen darauf verteilen. Im Ofen ca. 25 Minuten backen, bis der Teig goldgelb ist. Danach aus dem Ofen nehmen, den Kirschmichel in Stücke schneiden und mit Puderzucker bestäuben.

Teresa Fenzl, Patersdorf

Kerscheplotzer

Für 6–8 Personen:

750 g Süßkirschen
200 g Zwieback
250 ml Milch
6 Eier
125 g weiche Butter, plus
  mehr für die Form
200 g Zucker
100 g gemahlene Mandeln
1 gestrichener EL Zimt
1 EL Kakaopulver

Springform (30 cm Ø)

Den Backofen auf 180 °C (Ober-/Unterhitze) vorheizen. Die Kirschen waschen, abtropfen lassen und entkernen. Den Zwieback in eine Schale bröseln, die Milch darübergießen und einweichen lassen. Die Eier trennen und die Eiweiße zu Eischnee aufschlagen, dann beiseitestellen. Butter und Zucker in einer Schüssel verquirlen, die Eigelbe nach und nach dazugeben und alles zu einer luftigen Masse vermischen. Mandeln, Zimt, Kakaopulver und Zwieback unterrühren, dann den Eischnee unterziehen und zuletzt die Kirschen zufügen. Die Springform einbuttern und den Teig einfüllen, dann für ca. 1 Stunde im Ofen backen (Stäbchenprobe).

Tipp: Der Kerscheplotzer lässt sich auch mit gefrorenen oder Süßkirschen aus dem Glas zubereiten. Dazu die Vanillesauce von Seite 139 servieren.

Dirk Speicher, Essensfreuden, Egglkofen

Kirsch-Kompott mit Zimt

Für 4 Personen:

500 g frische Kirschen
  oder Sauerkirschen
125 ml Weißwein
2 Scheiben Weißbrot
4–6 EL Honig
½ TL Zimt

Die Kirschen waschen, entstielen und entsteinen. Mit dem Wein aufkochen und bei schwacher Hitze weich garen. Die Kirschen durch ein grobes Sieb passieren oder im Mixer pürieren.
Das Kirschpüree in den Topf zurückgießen. Das Weißbrot fein zerpflücken. Mit dem Honig und dem Zimt ins Fruchtpüree rühren. Alles aufkochen und das Kompott unter Rühren andicken lassen. In eine große Schüssel oder in Portionsschälchen füllen und lauwarm oder kalt servieren.

Petra Teetz, Wachendorf

Topfenstrudel

Für 6 Personen:

4 Eier
1 Prise Salz
200 g Zucker
1 Bio-Zitrone
1 Vanilleschote
1,2 kg Quark
Rosinen, Blaubeeren,
   Aprikosen oder
   Kirschen (nach Belieben)
1 Pck. Strudelteig (aus
   dem Kühlregal)
flüssige Butter oder Eigelb
   zum Bestreichen

Den Backofen auf 170 °C (Ober-/Unterhitze) vorheizen. Die Eier trennen. Die Eiweiße mit dem Salz in einem Gefäß steif schlagen. Eigelbe und Zucker in einer Schüssel solange rühren, bis die Masse fast weiß ist. Die Zitrone heiß abwaschen und die Schale abreiben. Die Vanilleschote längs einschneiden und das Mark herausschaben. Zusammen mit dem Quark, Rosinen oder Obst zu der Eigelbmasse geben und gut vermengen. Zum Schluss den Eischnee unterheben. Den Strudelteig auf der Arbeitsplatte ausbreiten und die Topfenfüllung aufstreichen. Dann die kürzeren Seiten etwa 1 cm dick umschlagen, den Strudel aufrollen und in eine Auflaufform geben. Mit geschmolzener Butter oder Eigelb einpinseln und ca. 45 Minuten backen, bis der Strudel goldgelb ist.

Tipp: Zum Topfenstrudel passt am besten Vanillesauce (S. 139) oder eine Kugel Eis.

Andreas Wahl, Naturkäserei Tegernseerland, Kreuth am Tegernsee

Apfelspätzle

Für 4 Personen:

Für die Spätzle:
600 g Mehl
4 Eier
250 ml Wasser
1 Prise Salz

6–8 Äpfel
Zucker
Butterschmalz zum Braten

Aus Mehl, Eiern, Wasser und Salz einen zähflüssigen Teig bereiten. Den Teig mit dem Spätzlehobel in kochendes Salzwasser hobeln und kurz aufkochen lassen. Mit einem Schaumlöffel die fertigen Spätzle herausnehmen und mit kaltem Wasser abschrecken. Anschließend in einem Sieb abtropfen lassen. Die Äpfel schälen, vierteln und klein schneiden. Die Stückchen im Butterschmalz in einer Pfanne anrösten, dann die Spätzle dazugeben. Alles zusammen gut vermischen und anrösten, mit Zucker abschmecken.

Monika Rabus, Memmingen

Apfelstrudel »fein«

Für 5–7 Personen:

300 g Wiener Grießler
(doppelgriffiges Mehl)
100 g weiche Butter,
plus etwas mehr
zum Bestreichen und
Einfetten
1 Schuss Essig
1 Prise Salz

Für die Füllung:
1–1 ½ kg Äpfel
50–100 g Zimtzucker
Sultaninen (nach Belieben)
1 TL Butter
250 g Sauerrahm

Den Wiener Grießler mit Butter, Essig, Salz und 125 ml lauwarmem Wasser in einer Schüssel zu einem geschmeidigen Teig kneten. Dann an einem warmen Ort zugedeckt ca. 45 Minuten ruhen lassen. Den Backofen auf 160–180 °C (Umluft) vorheizen.

In der Zwischenzeit die Äpfel schälen, vom Kerngehäuse lösen und in dünne Scheiben schneiden, mit dem Zimtzucker vermischen und nach Belieben Sultaninen zufügen. Dann den Teig auf einem bemehlten Tuch ausrollen und vorsichtig dünn ausziehen. Etwas Butter in einer Pfanne zerlassen und die Teigränder damit bestreichen. Den Sauerrahm auf den Teig streichen und die Äpfel darauf verteilen. Eine Backform einfetten, mithilfe des Tuchs den Strudel aufrollen und in die gefettete Form geben. Im Ofen 45–60 Minuten backen, bis er goldbraun ist. Zwischendurch gelegentlich mit Butter bestreichen.

Rosemarie Langenegger, Petershausen

Apfelberg

Für 4 Personen:

2 Äpfel
1 Spritzer Zitronensaft
weiche Butter für die
    Auflaufform
2 EL rote Marmelade
    (z. B. Himbeere oder
    Johannisbeere)
2 Eier
2 EL Zucker
1 Pck.
    Vanillepuddingpulver
500 ml Milch
200 g Schmand
2 EL Mandelblättchen oder
    gehackte Walnüsse

Den Backofen auf 150 °C (Ober-/Unterhitze) vorheizen.

Die Äpfel schälen, das Kerngehäuse entfernen und vierteln. Die Apfelstücke in einem Topf mit Zitronensaft und 2 EL Wasser bissfest kochen. Währenddessen die Form ausbuttern, die weichen Apfelstücke einschichten und mit der Marmelade bestreichen. Die Eier trennen und die Eiweiße mit dem Zucker zu Schnee schlagen. Den Vanillepudding mit der Milch nach Packungsanweisung zubereiten, Schmand und Eigelbe einrühren. Noch heiß auf die Äpfel geben, den Eischnee über den Pudding verteilen und mit den Mandeln oder Walnüssen bestreuen. Im Ofen ca. 30 Minuten backen, bis der Eischnee eine gelbliche Farbe hat und knusprig ist. Den Apfelberg warm servieren.

Irmgard Kinker, Berghof Kinker, Rosshaupten

Apfel-Crumble

Für 4–6 Personen:

5–6 Äpfel
200 g Mehl
150 g Zucker
150 g weiche Butter
1 TL Zimt

Den Backofen auf 180 °C (Ober-/Unterhitze) vorheizen.

Die Äpfel schälen, das Kerngehäuse entfernen, würfeln und in der Auflaufform verteilen. Das Mehl in eine Schüssel sieben, mit Zucker, Butter und Zimt mit den Händen zu einer krümeligen Mischung kneten. Die Streusel anschließend gleichmäßig über die Apfelwürfel verteilen und ca. 30 Minuten im Ofen backen.

Gisela Hafemeyer, Gisela's Kräuterstadl, Andechs

Apfel-Rhabarber-Crumble

Für 2–3 Personen:

300 g Rhabarber
100 g Apfel
Fett für die Form
50 g Zucker
1 Bio-Zitrone
2 EL Honig

Für die Streusel:
50 g Mehl
50 g gemahlene
   Haselnüsse
50 g Zucker
1 Pck. Vanillezucker
abgeriebene Schale von
   ½ Bio-Zitrone (s. o.)
1 Prise Salz
50 g weiche Butter
Puderzucker zum
   Bestäuben

Den Rhabarber waschen, die Enden abschneiden und in etwa 2 cm große Stücke teilen. Den Apfel ebenfalls waschen, das Kerngehäuse entfernen und klein würfeln. Eine Auflaufform mit Fett einstreichen und beides hineingeben, mit Zucker bestreuen und gut vermischen. Die Zitrone heiß abwaschen und halbieren. Die Schale einer Zitronenhälfte abreiben und beiseitestellen. Beide Hälften auspressen, den Saft mit dem Honig verrühren, über die Fruchtstücke träufeln und für ca. 15 Minuten ziehen lassen.
Den Backofen auf 160 °C (Umluft) vorheizen.
Für die Streusel das Mehl in eine Schüssel sieben, Haselnüsse, Zucker und Vanillezucker, Zitronenabrieb und Salz miteinander vermischen. Die Butter zugeben und die Zutaten mit den Knethaken des Handrührgeräts vermengen. Rhabarber und Äpfel mit den Streuseln bedecken und für etwa 30 Minuten im Ofen backen. Danach kurz abkühlen lassen. Den lauwarmen Crumble mit Puderzucker bestäuben und servieren.

Tipp: Dazu passt wunderbar ein Apfel-Rhabarber-Eis.

Ulrich Geh, Uli v. Bocksberg Eis, Laugna

Grießauflauf mit Äpfeln

Für 4 Personen:

4 Eier
100 g Butter
70 g Puderzucker
250 g Quark
100 g Dinkelvollkorngrieß
50 ml Milch
2 große Bio-Äpfel

Den Backofen auf 200 °C (Ober-/Unterhitze) vorheizen.
Die Eier trennen. Butter, Eigelbe und Puderzucker in einer Schüssel schaumig quirlen. Quark, Grieß und Milch dazurühren. Die Eiweiße steif schlagen und unterheben. Die Äpfel waschen, das Kerngehäuse entfernen und in Stücke schneiden. Die Masse in eine Auflaufform füllen und die Apfelstücke darauf verteilen. Dann 30 Minuten im Ofen backen.

Helga Ertl, Helga's Partyschmankerl, Kirchberg im Wald

Apfelschmarrn mit karamellisierten Walnüssen

Für 4 Personen:

Für die karamellisierten
 Walnüsse:
100 g gehackte Walnüsse
60 g Zucker

Für den Teig:
3 Eier
35 g Zucker
1 Pck. Vanillezucker
1 Prise Salz
25 g Butter, plus etwas
 mehr zum Ausbacken
125 g Mehl
¼ TL gemahlener Zimt
200 ml Milch
2 Äpfel
Puderzucker zum
 Bestäuben

Um die Nüsse zu karamellisieren, diese zunächst kurz ohne Öl in einer Pfanne anrösten und anschließend herausnehmen. Danach den Zucker in der Pfanne erhitzen bis er sich verflüssigt hat und beginnt zu karamellisieren. Jetzt die Walnüsse hinzugeben und gleichmäßig wenden bis alle Nüsse mit dem Zucker überzogen sind. Zum Auskühlen auf einem Backpapier ausbreiten.

Für den Teig die Eier trennen und das Eiweiß steif schlagen. Eigelb mit Zucker, Vanillezucker und Salz in einer Schüssel schaumig schlagen. Die Butter in einer Pfanne zerlassen und unterrühren. Das Mehl mit dem Zimt mischen, sieben, zusammen mit der Milch ebenfalls hinzugeben und solange rühren, bis eine gleichmäßige Masse entsteht. Die Äpfel schälen, das Kerngehäuse entfernen und in sehr kleine Würfel schneiden oder fein raspeln. Die Apfelstücke unter den Teig mischen. Zuletzt den steifen Eischnee unterheben. In einer Pfanne etwas Butter erhitzen, den Teig eingießen und einige Minuten backen lassen. Danach wenden und erneut kurz backen. Zuletzt den Teig mit einer Gabel zerreißen, damit die typischen Stückchen entstehen und noch etwas in der Pfanne lassen. Den fertigen Schmarrn mit den karamellisierten Walnüssen dekorieren und mit Puderzucker bestreuen.

Tipp: Dazu passt wunderbar ein Apfelzimteis.

Ulrich Geh, Uli v. Bocksberg Eis, Laugna

Kaiserschmarrn

Für 4–5 Personen:

6 Eier
250 g Mehl
25 g Zucker
1 Pck. Bourbon
    Vanillezucker
1 Prise Salz
500 ml Milch
50 g Butter, plus etwas
    mehr zum Ausbacken
Rosinen (nach Belieben)
2 TL Zucker
4 TL Puderzucker

Die Eier trennen, das Mehl sieben. Das Eigelb mit 1 gehäuften EL des Zuckers, Vanillezucker und Salz in einer Schüssel schaumig quirlen. Das Mehl nach und nach abwechselnd mit einem großzügigen Schuss Milch einrühren bis alles aufgebraucht und ein glatter Teig entstanden ist. Butter zerlassen und ebenfalls einrühren. Das Eiweiß zu einem festen Eischnee aufschlagen und mit einem Löffel vorsichtig aber gründlich unter die Teigmasse heben. Danach nach Geschmack die Rosinen unterrühren. Ausreichend Butter in der Pfanne erhitzen, den Teig etwa 1 cm hoch eingießen und die Hitze etwas reduzieren. Den Teig goldbraun anbacken lassen, dann die Masse vierteln, umdrehen und ebenfalls braten. Noch in der Pfanne in mundgerechte Stücke teilen, mit dem restlichen Zucker bestreuen und kurz karamellisieren lassen. Den Kaiserschmarrn vor dem Servieren mit Puderzucker bestäuben.

Tipp: Zum Kaiserschmarrn schmeckt Apfelkompott.

Anna Hefele, Biohof Hefele, Ainhofen

Arme Ritter

Für 4 Personen:

2–3 Eier
500 ml Milch
50 g Zucker
1 Prise Salz
1 Bio-Zitrone
8 Scheiben altbackenes
    Weißbrot oder
    Rosinenzopf (etwa 2 cm
    dick)
Semmelbrösel zum
    Panieren
Fett zum Ausbacken
Zimt und Zucker zum
    Bestreuen

Die Eier trennen und die Eiweiße beiseitestellen. Die Eigelbe mit Milch, Zucker und Salz in einer Schüssel verquirlen. Die Zitrone heiß waschen, die Schale abreiben und unterheben. Dann die Brotscheiben in der Eimischung einweichen und vollsaugen lassen. Die Eiweiße mit etwas kaltem Wasser auf einem Teller verrühren und die Semmelbrösel auf einem separaten Teller bereitstellen. Die Brotscheiben erst im Eiweiß, dann in den Semmelbröseln wenden. Ausreichend Fett in einer Pfanne erhitzen und die Armen Ritter darin beidseitig ausbacken, bis sie goldbraun sind. Dann auf einem Küchentuch abtropfen lassen, mit Zimt und Zucker bestreuen und servieren.

Angelika Melzow, Gasthof Alter Wirt, Dießen-Obermühlhausen

Quarknockerl

Für 4 Personen:

3 Eier
1 Prise Salz
1 Pck. Vanillezucker
150 g Mehl
500 g Quark

Für die Sauce:
250 ml Milch
60 g Butter
60 g Zucker

Den Backofen auf 180 °C (Ober-/Unterhitze) vorheizen.
Eier, Salz und Vanillezucker in einer Schüssel schaumig quirlen. Mehl sieben, mit dem Quark dazugeben und alles gut zu einem Teig verrühren.
Die Milch mit Butter und Zucker in der Reine auf dem Herd aufkochen lassen. Dann auf ein Backblech stellen, mit einem Esslöffel Nockerl aus dem Teig herausstechen und in die heiße Milch setzen. Im Ofen ca. 30–40 Minuten backen.

Tipp: Quarknockerl sind als Hauptspeise oder Nachspeise geeignet. Pürierte Erdbeeren passen hervorragend dazu.

Teresa Fenzl, Patersdorf

Haselnuss-Nockerl

Für 4–5 Personen:

800 g mehligkochende
  Kartoffeln
110 g weiche Butter
200 g Mehl, plus mehr
  zum Arbeiten
50 g Grieß
2 Eigelb
Salz
150 g gemahlene
  Haselnüsse
40 g Puderzucker, plus
  mehr zum Bestäuben
1 Bio-Orange

Kartoffelpresse

Die Kartoffeln gar kochen, danach mit kaltem Wasser abschrecken und pellen. Noch warm durch eine Kartoffelpresse in eine Schüssel drücken. 60 g Butter klein würfeln und zugeben, das Mehl dazusieben und mit Grieß, Eigelben sowie 1 Prise Salz zu einem glatten Teig kneten. Den Teig in 4–5 Portionen teilen und jedes Teil auf der bemehlten Arbeitsfläche zu einer dicken Rolle (etwa 2 cm Ø) formen. Die Teigrollen in 2 cm lange Stücke schneiden.

Salzwasser zum Kochen bringen, die Hitze reduzieren und die Nockerl ohne Deckel etwa 6 Minuten darin ziehen lassen. Die restlichen 50 g Butter in einer Pfanne zerlassen, Haselnüsse und Puderzucker zufügen und kurz anrösten. Die Orange heiß abwaschen, die Hälfte der Schale abreiben, dann halbieren und den Saft ausdrücken. Die Schale und 4 EL Orangensaft unter die Haselnüsse mischen. Die fertigen Nockerl aus dem Wasser heben, gut abtropfen lassen und mit der gerösteten Haselnussmischung vermengen. Zum Servieren mit Puderzucker bestäuben.

Josef Neumeier, Haselnusshof Neumeier, Rudelzhausen

Milchreis

Für 4 Personen:

1 Vanilleschote
1 l Milch, plus etwas mehr
bei Bedarf
1 Prise Salz
250 g Rundkornreis
2 EL Zucker

Die Vanilleschote längs aufschneiden. Zusammen mit der Milch und Salz in einem weiten Topf zum Kochen bringen, Reis und Zucker einrühren. Den Milchreis einmal kurz aufkochen lassen, dabei stetig rühren. Dann die Temperatur reduzieren und den Milchreis für 20–30 Minuten quellen lassen. Immer wieder umrühren, damit der Reis nicht am Topfboden anbrennt. Sollte es doch passieren, nicht weiterrühren, sondern in einen anderen Topf umfüllen. Nach der Quellzeit den Herd ausschalten, den Deckel auf den Topf legen und den Reis für ca. 15 Minuten auf der Platte nachquellen lassen. Falls der Reis insgesamt zu fest ist, esslöffelweise kalte Milch unterrühren.

Tipp: Zum Milchreis schmecken Zimtzucker, Obstkompott oder rote Grütze.

Andreas Wahl, Naturkäserei Tegernseerland, Kreuth am Tegernsee

Einkorn-»Milchreis« mit Himbeeren

Für 4 Personen:

1 Vanilleschote
200 g Perl-Einkorn
1 l Milch
1 Prise Salz
1 TL Honig
300 g Himbeeren

Die Vanilleschote längs einschneiden und das Mark herausschaben. Das Mark zusammen mit Perl-Einkorn, Milch und Salz in einem großen Topf aufkochen und bei kleiner Hitze ca. 45–50 Minuten köcheln lassen, bis das Korn weich ist und mit Honig abschmecken. Die Himbeeren waschen, abtropfen lassen und dazureichen.

Tipp: Der Einkorn-»Milchreis« kann warm oder kalt serviert werden.

Julia Reimann, Chiemgaukorn, Trostberg

Pfannkuchen mit Vanille-Hopfenlikör-Eis

Für 4–8 Personen:

500 g Vanilleeis
ca. 1 l grüner Hopfenlikör

Für den Pfannkuchenteig:
100 g Mehl
1 Prise Salz
1 Ei
250 ml Milch
Fett zum Ausbacken

Zum Garnieren:
250 g Sahne
Puderzucker
Balsamico-Creme
Hopfensträußchen

Spritzbeutel

Das Vanilleeis am Vortag vorbereiten. Dafür mit einem Messer tiefe Spalten in das Eis einritzen und mit ausreichend Hopfenlikör auffüllen, sodass das Eis abwechselnd mit grünem Likör durchzogen ist. Dann wieder in die Gefriertruhe stellen.

Für die Pfannkuchen das Mehl in eine Schüssel sieben, Salz, Ei und Milch langsam unterrühren, bis der Teig gleichmäßig glatt ist. Das Fett in einer Pfanne erhitzen, etwas Teig eingießen, die Pfannkuchen einzeln auf jeder Seite goldbraun ausbacken und anschließend abkühlen lassen.

Die Sahne steif schlagen und in einen Spritzbeutel füllen. Die Teller mit Puderzucker bestäuben und zur Dekoration Linien mit Balsamico-Creme ziehen. Die Pfannkuchen zusammengeklappt darauflegen. Eine große Portion des präparierten Vanilleeises auf den Pfannkuchen verteilen. Ein Sahnehäubchen daneben setzen und grünen Hopfenlikör mit auf den Teller geben. Den Pfannkuchen mit Puderzucker bestäuben und mit einem Hopfensträußchen als Dekoration servieren.

Hildegard Heindl, Holled'Auer Hopfen-Secco Manufaktur, Au in der Hallertau

Holunderblüteneis

Für ca. 20 Kugeln Eis:

200 g Sahne
6 frische Eigelb
125 ml
   Holunderblütensirup
50 g Zucker

Küchenmaschine

Die Sahne fast steif schlagen und kühl stellen. Eigelbe, Sirup und Zucker mindestens 15 Minuten mit der Küchenmaschine sehr fest schlagen. Dann die Sahne vorsichtig und gleichmäßig unterziehen. Die Masse in der Eismaschine oder in einen Behälter gefüllt im Tiefkühlfach mindestens 4 Stunden gefrieren lassen.

Tipp: Wenn keine Eismaschine verwendet wird, sollte das Eis während des Gefrierprozesses regelmäßig mit einer Gabel oder einem Schneebesen aufgeschlagen werden, damit die Masse nicht zu einem festen Block gefriert.

Katharina Kreitmair, Biohof Kreitmair, Rudelzhausen

Weiße Mousse au Chocolat mit Likör

Für 5 Personen:

200 g weiße Schokolade
3 Blatt Gelatine
3 Eier
200 g Sahne
40 g Zucker
1 Pck. Vanillezucker
4 EL Weißer Schokoladen-
   Likör

Die Schokolade über dem heißen Wasserbad schmelzen. Gelatine nach Packungsanweisung in kaltem Wasser einweichen. Die Eier trennen und die Eiweiße zu Eischnee verarbeiten. Die Sahne in einem separaten Becher ebenfalls steif schlagen. Eigelbe, Zucker und Vanillezucker in einer Schüssel schaumig quirlen und die geschmolzene Schokolade unterheben. Die Gelatine ausdrücken und im Likör auflösen, dann in die Eigelb-Mischung einrühren. Zuerst die Sahne und danach den Eischnee unter die Eigelb-Schoko-Mischung heben. Mindestens drei Stunden im Kühlschrank kalt stellen.

Barbara Günther, Allgäu-Brennerei Günther, Sulzberg

Heidelbeer-Kokos-Dessert

Für 4 Personen:

200 g Heidelbeeren
4 EL Heidelbeerkonfitüre
250 g Magerquark
30 g Zucker
1 Pck. Vanillezucker
4 EL Kokoslikör oder
    Orangensaft
125 g Sahne
100 g Kokoskonfekt
    (z. B. Raffaelo)

hohe Dessertgläser

Die Heidelbeeren waschen und mit der Konfitüre in einem Topf erwärmen, danach abkühlen lassen und beiseitestellen. Den Quark mit Zucker, Vanillezucker und Kokoslikör in einer Schüssel zu einer glatten Masse verarbeiten, für die alkoholfreie Variante Orangensaft nehmen. Sahne steif schlagen und unterheben. Die Kokoskugeln zerteilen und mit der Quark- und Heidelbeermasse abwechselnd in die Gläser schichten. Zuerst Quarkschicht, Heidelbeermischung und am Schluss das Kokoskonfekt in die Dessertgläser füllen.

Katrin Kling, Spargelhof Kling, Rettenbach

Erdbeertiramisu

Für 6 Personen:

250 g Erdbeeren
175 g Schokocookies, plus
    mehr zum Garnieren
250 g Mascarpone
2 EL Orangensaft
4 EL Puderzucker
1 Pck. Vanillezucker
1 Pck. Sahnesteif
300 g Naturjoghurt
Kakaopulver zum
    Garnieren

6 Dessertgläser

Die Erdbeeren waschen, den Stielansatz entfernen und die Früchte in kleine Stücke schneiden. Die Schokocookies in einen Plastikbeutel füllen und mit einem Nudelholz zerkleinern. Mascarpone, Orangensaft, Puder- und Vanillezucker sowie Sahnesteif in einer Schüssel verrühren und den Joghurt unterheben. Die Cookiekrümel auf 6 Gläser aufteilen, dabei einige Brösel übrig lassen. Die Erdbeeren darauf verteilen und die Creme darüberschichten. Dann ca. 2 Stunden kalt stellen. Vor dem Servieren mit Kakaopulver und den übrigen Cookiekrümeln garnieren.

Christine Lecker, Biohof Lecker, Laufen

Pannacotta mit Fruchtsauce und Früchten

Für 6–8 Personen:

2–3 Blatt Gelatine
1 Vanilleschote
500 g Sahne
50 g Zucker
250 g Himbeeren
etwas Zucker (nach
  Belieben)
frische Früchte der Saison
  zum Garnieren

Dessertschälchen

Die Gelatine nach Packungsanweisung in kaltem Wasser einweichen. Derweil die Vanilleschote längs einschneiden, das Mark ausschaben, alles mit Sahne und Zucker in einem Topf langsam erhitzen und 15 Minuten köcheln lassen. Den Topf vom Herd nehmen und die Vanilleschote entfernen. Die Gelatine ausdrücken und in der heißen Masse unter Rühren auflösen. Die Masse in Förmchen füllen und kalt stellen. Die fest gewordene Creme vorsichtig vom Rand lösen und auf Dessertschälchen stürzen.
Die Himbeeren waschen und pürieren, nach Belieben mit Zucker abschmecken. Übrige Früchte waschen oder putzen und bei Bedarf zerkleinern. Die Fruchtsauce auf die Pannacotta träufeln und mit den Früchten garnieren.

Tipp: Die Pannacotta mit Fruchtsauce und Früchten eignet sich wunderbar als Dessert für ein Weihnachtsmenü, z. B. mit dem Feldsalat mit geräucherter Rinderlende von S. 20 sowie dem Kalbsrollbraten mit Petersilienkartoffeln und Rosenkohl von S. 80.

Johanna Kannamüller, Url-Hof, Waldkirchen

Vanillesauce

Für 6 Personen:

1–2 Vanilleschoten
   oder gemahlene
   Bourbonvanille
300 ml Milch
200 g Sahne
6 Eigelb
60 g Zucker

Die Vanilleschoten längs einschneiden und das Mark herausschaben. Milch und Sahne mit dem Vanillemark und der ausgekratzten Schote in einen Topf füllen und aufkochen. Die Eigelbe mit dem Zucker in einer Schüssel solange schaumig schlagen, bis sich der Zucker aufgelöst hat. Dann die Hälfte der kochenden Flüssigkeit der Eigelbmasse zugießen und sofort gut durchrühren.

Den Topf vom Herd nehmen und die restliche Eigelbmischung dem Topfinhalt zugeben. Mit einem Holzlöffel umrühren und bei niedriger Hitze zurück auf die Herdplatte stellen. Auf maximal 70 °C erhitzen und die Vanillesauce zur Rose abziehen: hierbei muss die Sauce so weit eingedickt sein, bis auf dem Kochlöffel eine Schicht haften bleibt, die sich in Form einer Rose wellt, wenn man draufpustet. Dann den Topf vom Herd ziehen und die Vanillesauce in ein anderes Gefäß (keine Metallschüssel) umfüllen und abkühlen lassen. Die Vanilleschoten erst kurz vor dem Servieren entfernen.

Tipp: Wenn Sie das erste Mal eine Vanillesauce zur Rose abziehen, kann es passieren, dass sie anbrennt. Dann einfach die Sauce aus dem Topf in ein anderes Gefäß gießen, dabei die Ränder nicht abschaben. Die Vanillesauce passt sehr gut zu dem Kerscheplotzer von Seite 125.

Dirk Speicher, Essensfreuden, Egglkofen

Mohnmousse

Für 4 Personen:

150 g weiße Kuvertüre
3 Blatt Gelatine
4 Eier
1 Päckchen Mohnback-
    mischung (250 g)
400 ml Sahne

Die Kuvertüre über dem heißen Wasserbad schmelzen lassen, die Gelatine in kaltem Wasser einweichen. Inzwischen 2 ganze Eier und 2 Eigelb in eine Schüssel geben und über dem heißen Wasserbad schaumig schlagen. Die ausgedrückte Gelatine unterrühren, dann die flüssige Kuvertüre und die Mohnbackmischung einarbeiten. Zuletzt die Sahne steif schlagen, ebenso die beiden restlichen Eiweiße. Schlagsahne und Eischnee vorsichtig unter die abgekühlte Masse heben. Die Mohnmousse vor dem Servieren mindestens 3 Stunden kühlen.

Tipp: Richten Sie die Mohnmousse mit warmer Roter Grütze und etwas geraspelter weißer Schokolade dekorativ auf Desserttellern an.

Jutta Schönweiß, Cadolzburg

Gebrannte Mandeln

Ergibt ca. 250 g gebrannte
    Mandeln:

100 g Zucker (nach
    Belieben etwas mehr)
200 g Mandeln
1 TL Zimt

100 ml Wasser in eine beschichtete Pfanne gießen und aufkochen. Den Zucker zugeben und weiterköcheln lassen, bis sich der Zucker aufgelöst hat. Mandeln sowie Zimt zufügen und beständig umrühren, damit die Mandeln gleichmäßig mit dem Zuckergemisch bedeckt werden. Weiterrühren, bis das Wasser ganz verdunstet ist. Dann die Hitze um ein Viertel reduzieren. Die Mandeln stetig in Bewegung halten, bis der Zucker leicht karamellisiert. Wenn die Mandeln zu glänzen beginnen, großflächig auf einem mit Backpapier ausgelegten Backblech verteilen und abkühlen lassen. Nach Bedarf die Mandeln trennen, damit sie nicht zusammenkleben.

Babette Wolf, Neumarkt in der Oberpfalz

140

Auszogne

Für ca. 12 Krapfen:

1 kg Mehl
1 ½ Würfel frische Hefe
500–750 ml Milch
100 g weiche Butter
125 g Zucker
1 Pck. Vanillezucker
3 Eier
½ TL Salz
200 g Rosinen (nach
  Belieben)
Zitronenabrieb (nach
  Belieben)
Fett zum Frittieren

Das Mehl in eine Schüssel sieben und eine Mulde eindrücken. Die Hefe hineinbröseln, mit etwas Milch bedecken und kurz ruhen lassen. Butter, Zucker, Vanillezucker, Eier und Salz separat schaumig schlagen. Dann zum Hefeansatz geben und mit der übrigen Milch zu einem weichen Teig verkneten, dabei nach Belieben Rosinen und Zitronenschale zugeben. Die Masse sehr gut abschlagen, bis sie Blasen wirft und sich von der Schüssel löst. Dann abgedeckt an einem warmen Ort ca. 30 Minuten gehen lassen. Anschließend kleine Nudeln herausstechen und jeweils auf einem Tuch zu Kreisen formen. Die Nudeln zugedeckt nochmals ruhen lassen.

Anschließend von der Mitte her ausziehen, dabei den Teig vorsichtig mit den Fingern zum Rand hin ziehen, sodass ein dickerer Rand entsteht. Darauf achten, dass in der Mitte kein Loch entsteht. Bei Bedarf nochmals gehen lassen. Derweil das Fett in einem Topf auf 185 °C erhitzen. Dann die Nudeln mit der gegangenen Seite nach unten vorsichtig ins heiße Fett gleiten lassen und goldbraun backen, dabei mit dem Schöpflöffel immer wieder Fett darübergießen. Die Krapfen umdrehen und von der anderen Seite fertig backen.

Heidi Lechner, Pürstlinger Hofladen, Dorfen

Schuxn

Ergibt ca. 25 Schuxn:

Für den Sauerteig:
6 EL Roggenmehl
5 g frische Hefe
2 EL Nudelmehl

Für die Schuxn:
750 g Roggennudelmehl
   (Type 610)
250 g Weizenmehl
1 EL Butter
1 ½ Würfel frische Hefe
45 g Salz
1 Prise Zucker
ca. 500 g Buttermilch
Fett zum Ausbacken

warmes Nudeltuch
Nudelbrett

Den Sauerteig schon einige Tage im Voraus ansetzen. Dafür das Roggenmehl in eine Schüssel sieben, mit 80 ml lauwarmem Wasser und der Hefe zu einem weichen Teig vermengen. Abgedeckt 2 Tage in der Küche stehen lassen. Am Vorabend der Schuxn-Zubereitung das Nudelmehl und 1 EL Wasser zugeben und nochmals über Nacht gehen lassen.

Für die Schuxn Roggen- und Weizenmehl mischen und in eine Schüssel sieben. Butter in einer Pfanne zerlassen und mit Hefe, Salz und Zucker dem Mehl zufügen. Die Buttermilch, entweder auf 500 g mit Wasser verdünnt oder pur, mit dem angesetzten Sauerteig dazugeben und kräftig durchkneten. Der Teig sollte nicht mehr kleben, bei Bedarf noch etwas Mehl untermischen, und an einem warmen Ort ruhen lassen. Dann portionsweise Platten ausrollen (ca. 5 cm Ø), mit einem Ring Teiglinge ausstechen und zu ovalen ca. 2 cm dicken Schuxn auswalgen. Diese auf das mit dem Nudeltuch bedeckte Nudelbrett legen und wieder gehen lassen.

Ausreichend Fett in einem Topf auf ca. 210 °C erhitzen, die Schuxn mit der Oberseite nach unten in das Fett einlegen und ständig damit begießen, bis sie an die Oberfläche steigen. Wenden, wenn die Unterseite hellbraun ist. Die Oberseite goldbraun backen, herausnehmen und abtropfen lassen.

Tipp: Je länger der Sauerteig zieht, desto saurer und besser wird er. Dafür die Zugabe von Nudelmehl und Wasser 3–4 Tage wiederholen und anschließend für die Schuxn verarbeiten.

Heidi Lechner, Pürstlinger Hofladen, Dorfen

Mamas Apfelnudeln

Für 3–4 Personen:

300 g Mehl, plus mehr
   zum Arbeiten
etwas Salz
1 Ei
20 g Butterschmalz
600 ml Milch
4–5 säuerliche Äpfel
Zimt und Zucker zum
   Bestreuen (nach
   Belieben)

Das Mehl in eine Schüssel sieben, Salz und Ei zugeben und mit 120 ml lauwarmem Wasser zu einem Nudelteig verkneten, dann etwas ruhen lassen.

Ein Brett mit Mehl bestäuben und aus dem Teig kleine Nudeln drehen, ähnlich wie Schupfnudeln. Das Butterschmalz in einer hohen Pfanne zerlassen, die Nudeln darin wenden, dann mit der Milch aufgießen. Den Deckel schließen und etwas köcheln lassen.

Die Äpfel schälen, das Kerngehäuse entfernen und in dünne Spalten schneiden. Zu den Nudeln geben und mit geschlossenem Deckel ca. 20 Minuten weiterköcheln lassen, bis die Milch aufgesogen ist. Die fertigen Apfelnudeln auf Teller verteilen und nach Belieben mit Zimt und Zucker bestreuen.

Tipp: Zu Mamas Apfelnudeln schmeckt Buttermilch oder einfach normale Milch.

Anita Plattner, Baumschule Plattner, Aldersbach

Zimtnudeln à la Rosa

Ergibt ca. 20 Zimtnudeln:

3 Eier
750 g weiche Butter
5 EL Zucker
2 EL Rum
1 kg Mehl
1 Würfel frische Hefe
200 g Sauerrahm
Fett zum Ausbacken
Zimt und Zucker zum
   Bestreuen

Eier, Butter, Zucker und Rum in einer Schüssel schaumig rühren. Mehl darübersieben, Hefe dazubröseln und den Sauerrahm zugeben. Die Zutaten zu einem Teig kneten und über Nacht im Kühlschrank oder 1 Stunde an einem warmen Ort gehen lassen. Dann den Teig in mehrere Portionen teilen und zu ca. 5 mm dicken Nudeln rollen. Ausreichend Fett in einem Topf erhitzen und die Nudeln darin portionsweise ausbacken, bis sie goldbraun sind, auf einem Küchenkrepp abtropfen lassen und rundum mit Zimtzucker bestreuen.

Angelika Melzow, Gasthof Alter Wirt, Dießen-Obermühlhausen

Zimtnudeln

Ergibt ca. 10 Nudeln:

5–6 Eier
50 g weiche Butter
50 g Zucker
½ TL Salz
1 TL Bio-Zitronenabrieb
500 g Mehl
250 ml Milch
1 Würfel frische Hefe
Rosinen (nach Belieben)
Schmalz zum Ausbacken
Zimt und Zucker zum
    Servieren

Um die Gehzeit zu beschleunigen, alle Zutaten auf Zimmertemperatur bringen. 2 Eier, Butter und Zucker in einer Schüssel schaumig rühren, Salz und Zitronenabrieb zufügen. Das Mehl zu der Masse sieben und zusammen mit der Milch unterrühren. Hefe dazubröseln und alles zu einem geschmeidigen Teig kneten. Nach Belieben Rosinen unterheben und zugedeckt gehen lassen, bis sich das Volumen verdoppelt hat. Danach Teigstücke abstechen, zu länglichen Nudeln formen, wieder zudecken und ruhen lassen.

In der Zwischenzeit so viel Schmalz erhitzen (auf ca. 170–180 °C), dass die Nudeln mit der Oberseite nach unten schwimmend portionsweise eingesetzt werden können. Heißes Fett mit einem Löffel über den Nudeln verteilen, damit sie gut aufgehen. Wenn sie hellbraun sind, umdrehen. Die restlichen Eier verquirlen, fertige Nudeln darin wälzen, noch mal kurz ins heiße Fett tauchen, dann auf Küchenpapier abtropfen lassen. Zum Schluss in einer Zimt-Zucker-Mischung wälzen und servieren.

Helga Ertl, Helga's Partyschmankerl, Kirchberg im Wald

Hasenohren

Ergibt ca. 17 Ohren:

2 Eier
75 g weiche Butter
500 g Mehl
1 EL Salz
ca. 200 ml Milch
ausreichend Fett zum
    Ausbacken

Teigrad

Die Eier mit der Butter in einer Schüssel schaumig schlagen, Mehl dazusieben, Salz zufügen und gut durchmischen. Die Milch langsam eingießen und alles zu einem festen Teig kneten. Wenn der Teig klebt, mehr Mehl einarbeiten. Dann in gleich große Portionen teilen, messerrückendick ausrollen und mit dem Teigrad Dreiecke ausschneiden. Fett in einem Topf erhitzen und die Hasenohren portionsweise von beiden Seiten goldbraun ausbacken.

Heidi Lechner, Pürstlinger Hofladen, Dorfen

Omas Kartoffel-Keichla

Ergibt ca. 12 Keichla:

2 große oder 3–4 kleine
    Kartoffeln
3–4 EL Mehl, plus mehr
    bei Bedarf
1 Msp. Backpulver
2 EL Milch, plus mehr bei
    Bedarf
1 Ei
1 Prise Salz
Butterschmalz zum
    Ausbacken
1–2 EL Zucker
etwas Zimt

Kartoffelpresse

Die Kartoffeln kochen, etwas abkühlen lassen und pellen. Anschließend die kalten Kartoffeln durch eine Presse in eine Schüssel drücken oder fein hineinreiben. Mehl und Backpulver mischen und dazusieben, Milch, Ei und Salz ebenfalls zu der Kartoffelmasse geben und mit den Knethaken des Handrührgeräts vermengen. Nach Bedarf noch etwas Mehl oder Milch verwenden, sodass ein mittelfester Teig entsteht. Der Teig sollte noch weich sein, aber trotzdem gut zusammenhalten, damit die Kartoffel-Keichla beim Backen nicht auseinanderfallen. Ausreichend Butterschmalz in einer Pfanne erhitzen und darin je 1 EL vom Teig hineingeben, etwa 1 cm flachdrücken und auf beiden Seiten kräftig goldbraun ausbacken. Zucker und Zimt auf einem flachen Teller mischen und die fertigen Keichla von allen Seiten gut damit bestreuen.

Tipp: Die Kartoffel-Keichla können z. B. mit Apfelmus serviert werden.

Babette Wolf, Neumarkt in der Oberpfalz

Käsekuchenwaffeln

Für 4–6 Personen:

Für die Orangensauce:
4 Orangen
2 EL Zucker
1 Pck. Vanillezucker
1 TL Speisestärke

Für den Teig:
4 Eier
130 g Zucker
1 Pck. Vanillezucker
450 g Frischkäse
1 Prise Salz
1 EL Zitronensaft
50 g Mehl
Butter für das Eisen

Waffeleisen

Für die Orangensauce zunächst 2 Orangen schälen und die äußere weiße Haut abschneiden. Die Orangenfilets vorsichtig mit einem scharfen Messer aus den Trennwänden lösen, dabei den Saft auffangen. Die restlichen beiden Orangen auspressen. 250 ml Saft abmessen und mit Zucker und Vanillezucker aufkochen. Die Speisestärke mit 2 EL Wasser vermengen und in den Saft einrühren. Unter Rühren ca. 1 Minute weiterköcheln. Den Saft abkühlen lassen und die Orangenfilets zugeben.

Für den Waffelteig die Eier mit dem Zucker und Vanillezucker in einer Schüssel schaumig schlagen. Frischkäse, Salz und Zitronensaft zugeben und alles zu einem cremigen Teig verquirlen. Zuletzt das Mehl sieben und löffelweise unter den Teig rühren. Das Waffeleisen einfetten und den Teig für jeweils 3–4 Minuten zu goldbraunen Waffeln backen. Die fertigen Waffeln mit der Orangensauce servieren.

Ulrich Geh, Uli v. Bocksberg Eis, Laugna

Nussecken

Ergibt 1 Blech:

130 g weiche Butter, plus
   mehr zum Fetten
130 g Zucker
2 TL Vanillezucker
2 Eier
300 g Mehl, plus mehr
   zum Bestäuben
2 TL Backpulver
Quittengelee

Für den Belag:
200 g Butter
200 g Zucker
2 Eier
200 g gemahlene Mandeln
200 g gemahlene
   Haselnüsse
1 TL Zimt
100 g Zartbitterschokolade

Den Backofen auf 190 °C (Ober-/Unterhitze) vorheizen. Butter, Zucker, Vanillezucker und Eier in einer Schüssel schaumig schlagen. Mehl und Backpulver mischen, dazusieben und die Zutaten zu einem Mürbeteig verarbeiten. Ein Backblech einfetten und mit Mehl bestäuben. Den Teig darauf ausrollen und mit Quittengelee bestreichen.

Für den Belag die Butter in einer Pfanne zerlassen und mit Zucker und Eiern in einer Schüssel schaumig rühren. Mandeln, Haselnüsse und Zimt unterheben und auf dem Teig verteilen. Im Ofen 20–30 Minuten backen. Dann herausnehmen, noch heiß in Dreiecke schneiden und abkühlen lassen. Die Schokolade über einem Wasserbad schmelzen und die Ecken der erkalteten Dreiecke darin eintauchen.

Christine Wagner, Hofladen Etzlberg, Gachenbach

Linzer Plätzchen

Ergibt 1 Blech:

125 g weiche Butter
50 g Puderzucker
120 g Mehl
30 g Haselnussmehl
100 g gemahlene
   Haselnüsse
2 TL Zimt
je 1 Msp. Nelken und
   Kardamom
1 EL Kakaopulver
etwas Konfitüre nach Wahl
   zum Bestreichen
Puderzucker zum
   Bestreuen

Den Backofen auf 200 °C (Ober-/Unterhitze) vorheizen. Butter und Puderzucker in einer Schüssel cremig schlagen. Die Mehle sieben, mit Haselnüssen und Gewürzen mischen und unter die Buttermasse zu einem bröseligen Teig rühren. Diesen vorsichtig mit den Händen verkneten. Dann zwischen zwei Lagen Frischhaltefolie etwa 3–4 mm dick ausrollen. Mit beliebigen Formen Plätzchen ausstechen, dabei immer ein gleiches Paar bilden und in eines mittig ein Loch stechen. Die Plätzchen auf einem mit Backpapier ausgelegten Backblech ca. 20 Minuten goldbraun backen. Aus dem Ofen nehmen und die noch heißen Plätzchen ohne Loch mit etwas Konfitüre bestreichen. Das Gegenstück vorsichtig auf die bestrichenen Plätzchen drücken und mit Puderzucker bestäuben. In einer verschlossenen Dose etwa 1 Tag ruhen lassen.

Josef Neumeier, Haselnusshof Neumeier, Rudelzhausen

Vanille-Mohn-Bällchen

Ergibt 50 Bällchen:

125 ml Milch
25 g Butter
1 Msp. Salz
100 g Weizenmehl
25 g Mohnsamen
3 Eier

Für die Füllung:
400 g Sahne
1 Pck. »Quarkfein Vanille-
    Geschmack«
3 EL Puderzucker zum
    Bestäuben

Spritzbeutel

Den Backofen auf 200 °C (Ober-/Unterhitze) vorheizen.

Milch, Butter und Salz in einem Topf aufkochen, dann vom Herd nehmen. Mehl sieben und mit den Mohnsamen hinzugeben. Den Topf wieder auf die Platte stellen und so lange rühren, bis sich ein weißer Belag absetzt, dann wieder vom Herd nehmen. 2 Eier einzeln unterrühren. Das dritte Ei verquirlen und nur so viel davon unter den Teig arbeiten, bis dieser stark glänzt und in Spitzen am Löffel hängen bleibt. Mithilfe von 2 Teelöffeln etwa 50 haselnussgroße Teighäufchen auf ein mit Backpapier belegtes Blech setzen, 20 Minuten im Ofen backen und erkalten lassen.

Für die Füllung die Sahne mit Quarkfein steif schlagen, in einen Spritzbeutel mit Lochtülle füllen, in jeden Windbeutel ein kleines Loch stechen und die Füllung einspritzen. Vor dem Servieren mit Puderzucker bestäuben.

Familie Friedrich, Betrieb Friedrich Klingerhof, Trostberg

Buttermilchkuchen

Ergibt 1 Blech:

Für den Teig:
300 g Weizenmehl
1 Pck. Backpulver
150 g Zucker
1 Pck. Vanillezucker
3 Eier
300 g Buttermilch

Für den Belag:
125 g Butter
75 g Zucker
200 g gehobelte Mandeln
    oder Kokosraspel

Den Backofen auf 180 °C (Ober-/Unterhitze) vorheizen. Mehl und Backpulver zusammen in eine Schüssel sieben, mit Zucker und Vanillezucker mischen, Eier und Buttermilch hinzufügen. Alles gut vermengen, dabei auch die trockenen Zutaten vom Rand mit unterrühren. Ein Backblech einfetten und den Teig daraufstreichen, in den Ofen schieben und ca. 10 Minuten vorbacken.

Für den Belag die Butter in einem Topf zerlassen, Zucker und Mandeln zugeben und aufkochen lassen. Die Masse gleichmäßig auf dem vorgebackenen Kuchenboden verteilen. Nochmals ca. 15 Minuten im Ofen backen. Das Backblech auf einen Kuchenrost stellen und den Kuchen erkalten lassen.

Diana Schmidt, Erlangen

Faschingskrapfen

500 g Mehl
40 g Hefe
250 ml Milch
2 Eier
40 g Butter
50 g Zucker
1 TL Salz
etwas Zitronenschale
1 Päckchen Vanillezucker
Fett zum Ausbacken
Marmelade zum Füllen
Puderzucker zum
    Bestäuben

Das Mehl in eine Schüssel sieben. Die Milch erwärmen und in eine Schüssel geben. Die Hefe mit etwas Zucker in der lauwarmen Milch auflösen. Die Eier trennen. Das Eigelb mit Butter, Zucker, Salz, Zitronenschale und Vanillezucker schaumig rühren. Das Eiweiß steif schlagen und unterheben. Diese Eimasse sowie Hefe und Milch zum Mehl geben und alles gut verkneten. Etwa 30 Minuten gehen lassen.

Den Teig anschließend 2,5 cm dick ausrollen und mit einer Tasse oder einem Glas Krapfen ausstechen, diese nochmals zugedeckt etwa 20 Minuten gehen lassen. Anschließend die Krapfen mit der Oberseite nach unten ins nicht zu heiße Fett geben und kurz zudecken, dann umdrehen und offen weiterbacken. Herausnehmen und abtropfen lassen. Die Krapfen mit Marmelade füllen und mit Puderzucker bestäuben.

Waltraud Küchle, Memmingen

Blitzsandkuchen

Ergibt 1 Kuchen:

375 g Butter, plus mehr
    für die Form
6 Eier
350 g Zucker
2 Pck. Vanillezucker
2 EL Zitronensaft
175 g Mehl
1 ½ TL Backpulver
175 g Speisestärke (z. B.
    Gustin, Mondamin oder
    Kartoffelmehl)
Schokolade, Zuckerguss
    oder Puderzucker zum
    Glasieren

Kastenform oder Muffinblech
Semmelbrösel zum
    Ausstreuen der Form

Den Backofen auf 160 °C (Ober-/Unterhitze) vorheizen.
Die Butter in einem Topf zerlassen und abkühlen lassen. Eier, Zucker, Vanillezucker und Zitronensaft in einer Schüssel schaumig schlagen. Mehl mit Backpulver und Speisestärke mischen, hineinsieben und gut vermengen. Zum Schluss die flüssige Butter einrühren. Die Form einfetten und ausbröseln, den Teig hineinfüllen und 50–60 Minuten (Muffins nur 20 Minuten) im Ofen backen (Stäbchenprobe). Dann auskühlen lassen und mit Schokolade oder Zuckerguss überziehen oder mit Puderzucker bestäuben.

Christine Wagner, Hofladen Etzlberg, Gachenbach

Zebra-Kuchen

Ergibt 1 Kuchen:

5 Eier
300 g Zucker
1 Pck. Vanillezucker
250 ml Öl, plus mehr für
    die Form
375 g Mehl
1 Pck. Backpulver
2 EL Kakaopulver

Springform (26 cm Ø)

Den Backofen auf 175 °C (Umluft) vorheizen.
Die Eier trennen. Die Eiweiße mit 150 g Zucker in einer Schüssel zu festem Eischnee schlagen. Die Eigelbe mit restlichem Zucker, Vanillezucker und Öl in einer separaten Schüssel schaumig rühren. 125 ml lauwarmes Wasser zugeben und gut einarbeiten. Mehl und Backpulver mischen, dazusieben und vermengen. Eischnee unter die Masse heben. Die Hälfte des Teigs in eine leere Schüssel füllen, Kakaopulver zufügen und unterrühren. Die Springform einfetten und mittig abwechselnd jeweils einen Löffel hellen und dunklen Teig übereinander schichten. Den Kuchen im Ofen 50–60 Minuten backen (Stäbchenprobe).

Tipp: Der Kuchen kann nach Belieben mit Puderzucker bestäubt oder mit Schokolade glasiert werden.

Babette Wolf, Neumarkt in der Oberpfalz

Haselnuss-Marmorkuchen

Ergibt 1 Kuchen:

250 g Butter, plus mehr
    für die Form
160 g Puderzucker, plus
    mehr zum Bestäuben
4 Eier
150 g Mehl
35 g Haselnussmehl
10 g Backpulver
100 g gemahlene
    Haselnüsse
20 g Kakaopulver
3 EL Rum

Gugelhupf- oder
   Kastenform

Den Backofen auf 160 °C (Umluft) vorheizen.

Die Butter in einer Pfanne zerlassen und in einer Schüssel schaumig schlagen. Dabei nach und nach den Zucker und die Eier einrühren. Mehle und Backpulver in eine separate Schüssel sieben, mit den Haselnüssen mischen und löffelweise mit der Buttermasse vermengen. Kuchenform einfetten und die Hälfte des Teigs hineingeben. Unter die andere Hälfte das Kakaopulver und Rum heben. Über dem hellen Teig verteilen, mit einer Gabel vorsichtig unterziehen und Marmorierung erzeugen. Den Kuchen im Ofen auf der mittleren Schiene für ca. 40 Minuten backen (Stäbchenprobe), erkalten lassen, aus der Form lösen und mit Puderzucker bestäuben.

Josef Neumeier, Haselnusshof Neumeier, Rudelzhausen

Saure-Sahne-Kuchen

Ergibt 1 Blech:

Für den Teig:
250 g Margarine. plus
    mehr für das Blech
150 g Zucker
1 Pck. Vanillezucker
4 Eier
300 g Mehl
1 TL Natron
50 g Kakaopulver
200 g saure Sahne

Für den Guss:
200 g Sahne oder saure
    Sahne (alternativ
    Kuvertüre oder weißer
    Guss)

Den Backofen auf 175 °C (Ober-/Unterhitze) vorheizen.

Margarine in einem Topf zerlassen, in eine Schüssel füllen und mit Zucker, Vanillezucker und Eiern schaumig schlagen. Mehl und Natron hineinsieben, Kakao und saure Sahne zufügen. Alle Zutaten langsam unterrühren und zu einem glatten Teig verarbeiten.

Ein Backblech einfetten und den Teig darauf streichen. Auf mittlerer Schiene ca. 15 Minuten im Ofen backen. Danach die Sahne steif schlagen und auf dem warmen Kuchen verteilen. Wenn mit Kuvertüre oder Guss ummantelt wird, den Kuchen erst auskühlen lassen.

Diana Schmidt, Erlangen

Papageien-Kuchen

Ergibt 1 Blech:

250 g Margarine
150 g Zucker
4 Eier
300 g Mehl
1 Pck. Backpulver
200 g saure Sahne
3 EL Kakaopulver
1 Pck. Rote Grütze
1 Pck. Vanillesauce
etwas Zitronensaft

Den Backofen auf 175°C (Ober-/Unterhitze) vorheizen.

Margarine, Zucker und Eier in einer Schüssel schaumig schlagen. Mehl und Backpulver mischen, hineinsieben, die saure Sahne zugeben und alles zu einem glatten Teig verrühren. Den Teig in drei Teile teilen. Den ersten Teil mit Kakaopulver, den zweiten mit roter Grütze und den dritten mit Vanillesauce und etwas Zitronensaft vermengen. Die Teige so auf ein mit Backpapier ausgelegtes Backblech geben, dass Muster entstehen und sich die verschiedenen Teigteile auf dem Blech mischen. Ca. 15 Minuten im Ofen backen.

Diana Schmidt, Erlangen

Orangen-Olivenöl-Kuchen

Ergibt 1 Blech:

3 Eier
150 g Zucker
5 Pck. Orangenschalen
150 ml Orangensaft
150 ml Milch
300 ml Olivenöl
300 g Mehl
1 Pck. Backpulver
1 Prise Salz
50 g Pinienkerne
Puderzucker zum
    Bestäuben

Den Backofen auf 180 °C (Ober-/Unterhitze) vorheizen. Eier zusammen mit Zucker in einer Schüssel schaumig quirlen und Orangenschale und -saft, Milch und Olivenöl unterrühren. Mehl und Backpulver mischen und darübersieben. Salz zugeben und alle Zutaten zu einem homogenen Teig verarbeiten.

Den Teig auf ein mit Backpapier ausgelegtes Backblech gießen und glatt streichen, dann die Pinienkerne darüberstreuen. Den Kuchen auf der mittleren Schiene ca. 30 Minuten im Ofen backen, abkühlen lassen und vor dem Servieren mit Puderzucker bestäuben.

Tipp: Der Kuchen gelingt auch bei 180 °C (Umluft) in 15 Minuten, falls es mal etwas schneller gehen muss.

Diana Schmidt, Erlangen

Venezia-Kuchen mit Biskuitboden

Ergibt 1 Kuchen:

Für den Biskuitboden:
Butter für die Form
2–3 Eier
150 g Zucker
150 g Mehl
1–2 TL Backpulver

Für die Creme:
400 g Sahne
3 Pck. Sahnesteif
250 g Mascarpone
200 g Crème fraîche
80–100 g Zucker (nach
   Belieben)
1 Pck. Vanillezucker
4 EL Amaretto oder
   Orangensaft
Kakaopulver zum Bestäuben

Springform (26 cm Ø)
Tortenring

Den Backofen auf 160 °C (Umluft) vorheizen. Die Springform einfetten (oder mit Backpapier auslegen).

Die Eier mit dem Zucker in einer Schüssel schaumig schlagen. Mehl mit Backpulver mischen, sieben und vorsichtig unterheben. Den Teig in die Form füllen und im Ofen ca. 30–45 Minuten backen (Stäbchenprobe). Danach den Boden auskühlen lassen.

Für die Creme die Sahne mit Sahnesteif aufschlagen. Mascarpone, Crème fraîche, Zucker und Vanillezucker sowie Amaretto unterrühren.

Einen Tortenring um den Tortenboden legen und die Sahnecreme darauf verteilen. Nach Belieben mit einer Gabelwelle verzieren. Im Kühlschrank kühl stellen und den Kuchen vor dem Servieren mit Kakaopulver bestäuben.

Claudia Gasteiger, Maisingerhof, Günding

Mohnschnitten

Ergibt 1 Blech:

Für die Mohnmasse:
250 g Back-Mohn
400 g Schmand
2 EL Zucker

Für den Teig:
250 g weiche Butter, plus
   mehr für das Blech
250 g Zucker
5 Eier
300 g Mehl
1 Pck. Backpulver
ca. 150 ml Milch
250 g Kuvertüre

Den Mohn mit Schmand und Zucker in einer Schale verrühren und die Masse über Nacht quellen lassen. Den Backofen auf 170 °C (Ober-/Unterhitze) vorheizen. Für den Teig Butter, Zucker und Eier in einer Schüssel schaumig schlagen. Mehl und Backpulver mischen, dazusieben und alles gut verrühren, dann die Mohnmasse unterheben. Ein Backblech einfetten und den Teig aufstreichen. 20–30 Minuten im Ofen backen (Stäbchenprobe). Währenddessen den Teig immer wieder mit etwas Milch beträufeln.

Den Kuchen aus dem Ofen nehmen und erkalten lassen. Die Kuvertüre über einem Wasserbad schmelzen und den Kuchen damit überziehen. In Schnitten schneiden, sobald die Glasur fest ist, und servieren.

Margarete Kaspar, Pöcking-Maising

Mohnkuchen

Für 1 Kuchen:

Für den Mürbeteig:
2 Eier
125 g weiche Butter, plus
   mehr für die Form
100 g Zucker
300 g Mehl
2 TL Backpulver

Für den Belag:
1 ½ Pck.
   Vanillepuddingpulver
500 ml Milch
250 g gemahlener Mohn
250 ml Milch
100 g Zucker
etwas Zitronensaft

Springform (26 cm Ø)

Den Backofen auf 175 °C (Ober-/Unterhitze) vorheizen.

Für den Teig Eier, Butter und Zucker in einer Schüssel schaumig quirlen. Mehl und Backpulver mischen, zu der Eimasse sieben und zu einem Mürbeteig verkneten. Dann den Teig halbieren, eine Hälfte beiseitestellen, die andere in die gefettete Backform geben und gut den Boden und Ränder andrücken.

Vanillepudding nach Packungsanweisung in einem Topf mit Milch zubereiten.

In einem weiteren Topf Mohn mit Milch, Zucker und ausreichend Zitronensaft vermengen, sodass eine bindende Masse entsteht. Diese aufkochen lassen.

Pudding und dann Mohnmasse auf den Teigboden geben. Die zweite Teighälfte zu einer Platte in Größe und Format der Backform ausrollen und mit einem Gitterschneider oder mithilfe eines Messers ein Gitter einschneiden und über den Belag legen. Den Kuchen 50–60 Minuten auf der untersten Stufe im Ofen backen, bis das Gitter angebräunt ist. Nach ca. 30 Minuten den Kuchen auf die mittlere Schiene geben und zu Ende backen.

Angelika Melzow, Gasthof Alter Wirt, Dießen-Obermühlhausen

Mandarinen-Schmetterling mit Quarkcreme

Ergibt 1 Kuchen:

Für den Teig:
2 Eier
115 g Zucker
1 Pck. Vanillezucker
1 Prise Salz
70 g Mehl
70 g Speisestärke
1 Pck. Backpulver

Für die Creme:
3 Dosen Mandarinen
   (à 200 g)
1 Bio-Zitrone
400 g Magerquark
75 g Zucker
3 EL Zitronensaft
450–500 g Sahne
3 Pck. Sahnesteif

Für den Guss:
1 Pck. klarer Tortenguss
1 TL Zucker
½ Kiwi
2 Mikado-Sticks mit
   Schokolade

Springform (26 cm Ø)

Den Backofen auf 175 °C (Ober-/Unterhitze) vorheizen.

Die Eier trennen, die Eiweiße steif schlagen und dabei 40 g Zucker einrieseln lassen. Eigelbe, 3 EL lauwarmes Wasser, restlichen Zucker, Vanillezucker und Salz in einer Schüssel schaumig schlagen. Mehl, Stärke und Backpulver mischen, auf die Masse sieben und zusammen mit dem Eischnee unterheben. Anschließend in die mit Backpapier ausgelegte Form geben und glatt streichen. Im Ofen 30 Minuten backen und auskühlen lassen.

Mandarinen abtropfen lassen, dabei den Saft in einer Schale auffangen. Den Biskuitteig einmal längs durchschneiden. Die Zitrone heiß abwaschen, die Schale abreiben und den Saft auspressen. Quark, Zucker, Zitronenschale und -saft in einer Schüssel verrühren. Sahne in einem weiteren Gefäß steif schlagen, Sahnesteif einrieseln lassen und Quarkmasse unterheben. Den ersten Boden mit einem Drittel der Quarkcreme bestreichen und den zweiten Boden darauflegen. Danach die Torte in zwei gleich große Halbkreise teilen und mit der restlichen Creme bestreichen. Auf einer Tortenplatte mit den runden Seiten aneinanderlegen, damit sich Schmetterlingsflügel formen.

Mandarinen trocken tupfen und dicht auf den Flügeln verteilen, in der Mitte Platz für die Kiwi freilassen. Das Tortengusspulver und 1 TL Zucker mischen und mit 250 ml Mandarinensaft in einem Topf vermengen. Die Masse unter Rühren aufkochen und anschließend auf den Mandarinen verteilen. Die Torte danach 2 Stunden kalt stellen. Die Kiwi schälen und längs halbieren. Kurz vor dem Servieren die Kiwi in die freigelassene Mitte legen, um den Körper zu bilden und die Mikado-Sticks als Fühler in den Kuchen stecken.

Diana Schmidt, Erlangen

Johannisbeer-Käse-Streuselkuchen

Ergibt 1 Kuchen:

Für den Mürbeteig:
300 g Dinkelmehl
1 ½ TL Backpulver
80 g gemahlene Mandeln
200 g kalte Butter, plus
   mehr für die Form
150 g Rohrohrzucker
1 Pck. Vanillezucker
1 Prise Salz

Für den Belag:
500 g Bauerntopfen
120 g Rohrohrzucker
1 Pck. Vanillepudding
2 Eier
2 EL Zitronensaft
200 g Sahne
350 g Johannisbeeren oder
   andere Beeren

Springform (26 cm Ø)

Den Backofen auf 180 °C (Ober-/Unterhitze) vorheizen.

Mehl und Backpulver mischen, in eine Schüssel sieben und mit Mandeln, Butter, Rohr- und Vanillezucker sowie Salz zu einem Mürbeteig verkneten. Die Form einfetten, zwei Drittel des Teigs einfüllen und auf dem Boden festdrücken. Den restlichen Teig für die Streusel kalt stellen.

Für den Belag Topfen, Zucker, Puddingpulver, Eier und Zitronensaft in einer Schüssel verrühren. Die Sahne halb steif schlagen und unter die Quarkmasse heben. Dann auf dem Teig verteilen. Die Beeren waschen, vom Stiel streichen und auf den Kuchen geben. Den restlichen Teig in Streuseln gleichmäßig über die Johannisbeeren verteilen. Anschließend im Ofen ca. 60 Minuten backen.

Tipp: Wenn gefrorene Früchte verwendet werden, muss die Backzeit um 10 Minuten verlängert werden.

Christine Lecker, Biohof Lecker, Laufen

G'stürzter Apfelkuchen

Ergibt 1 Kuchen:

1 TL Butter
150–200 g Sonnenblumen-
   oder Walnusskerne
3 EL Honig (am besten
   vom Imker Ihres
   Vertrauens)
6–8 Bio-Äpfel
1 Pck. Blätterteig (aus dem
   Kühlregal)

herdfähige Tarteform

Den Backofen auf 200 °C (Ober-/Unterhitze) vorheizen.

Die Butter in der Tarteform auf der Herdplatte zerlassen und die Sonnenblumenkerne andünsten, bis sie Farbe bekommen. Den Honig dazugeben, leicht karamellisieren lassen und Herdplatte ausschalten. (Alternativ für diese Schritte einen Topf verwenden und die fertige Butter-Kerne-Honig-Mischung dann in der Tarteform verteilen.)

Äpfel waschen, vierteln oder achteln und das Kerngehäuse entfernen. Die Apfelstücke nebeneinander auf die Kerne schichten. Den Blätterteig ausrollen, zurechtschneiden (ca. 2 cm größer als die Form) und auf die Äpfel legen. Den Rand an den Seiten nach unten drücken.

Auf der mittleren Schiene im Ofen ca. 20 Minuten backen. Anschließend den Kuchen mithilfe eines Tellers oder eines Bretts vorsichtig stürzen. Lauwarm servieren.

Tipp: Dazu macht sich hervorragend eine Kugel Vanilleeis.

Rainer Bickel, Die Honigsammler, Wehringen

Apfel-Schoko-Kuchen

Ergibt 1 Blech:

200 g Butter
140 g Zucker
1 Pck. Vanillezucker
4 Eier
75 g Dinkelmehl
75 g Dinkelvollkornmehl
1 ½ TL Backpulver
1 Msp. Zimt
ca. 500 g Bio-Äpfel
100 g Mandelstifte
100 g Schokoraspel oder
  -tröpfchen
Puderzucker oder
  Schokoguss zum
  Verzieren

Den Backofen auf 160° C (Ober-/Unterhitze) vorheizen.
Butter, Zucker und Vanillezucker in einer Schüssel mit dem Handrührgerät ca. 5 Minuten schaumig schlagen. Die Eier einzeln nach und nach zugeben. Mehl und Backpulver mischen, sieben und mit dem Zimt löffelweise unter die Teigmasse rühren. Die Äpfel gut waschen, vom Kerngehäuse befreien und in feine Würfel schneiden. Zusammen mit den Mandelstiften und Schokoraspeln unterheben. Ein Backblech einfetten und den Teig darauf glatt streichen. Im Ofen ca. 40–50 Minuten backen (Stäbchenprobe). Anschließend mit Puderzucker bestäuben oder mit Schokoguss verzieren.

Rosemarie Langenegger, Petershausen

Russischer Apfelkuchen

Ergibt 1 Kuchen:

5 Bio-Äpfel
40 ml Rum
250 g weiche Butter, plus
  mehr für die Form
250 g Zucker
1 Pck. Vanillezucker
3 Eier
300 g Mehl
1 Pck. Backpulver
2 EL Kakaopulver
1 EL Zimt
150 g Nusskerne (z. B.
  Hasel- oder Walnuss)
250 g Kuvertüre

Springform (26 cm Ø)

Den Backofen auf 180 °C (Ober-/Unterhitze) vorheizen. Äpfel waschen, das Kerngehäuse entfernen und grob raspeln, dann mit dem Rum in einer Schale marinieren. Butter, Zucker, Vanillezucker und Eier in einer Schüssel schaumig schlagen, Mehl und Backpulver mischen und dazusieben. Kakaopulver und Zimt ebenfalls zufügen und alles verrühren. Die Nüsse hacken und mit der Apfelmasse unter den Teig heben. Kuchenform einfetten, den Teig einfüllen, glatt streichen und 60 Minuten im Ofen backen. Den Kuchen abkühlen lassen und stürzen. Die Kuvertüre über einem Wasserbad schmelzen und den kalten Kuchen mit der Schokolade überziehen.

Margarete Kaspar, Pöcking-Maising

Hopfenzupfer Apfelkuchen

Ergibt 1 Blech:

Für den Teig:
850 g Mehl
2 TL Backpulver
350 g Zucker
400 g weiche Butter
1 Ei
5 Eigelb

Für den Belag:
8 Äpfel
150 g Zucker
etwas Zimt
125 ml Bier
5 Eiweiß
5 EL Zucker

Den Backofen auf 180 °C (Ober-/Unterhitze) vorheizen.

Mehl und Backpulver mischen und in eine Schüssel sieben. Erst Zucker und Butter, dann Ei und Eigelbe zufügen und einen geschmeidigen Knetteig herstellen. Zwei Drittel des Teigs auf ein mit Backpapier ausgelegtes Backblech geben. Das übrige Drittel für 30 Minuten in die Gefriertruhe legen.

Äpfel schälen und in einen Topf raspeln. Mit Zucker und Zimt mischen, mit dem Bier aufgießen, dann ca. 15 Minuten köcheln und anschließend gut abkühlen lassen. Die kalte Apfelmasse auf der Teigplatte verteilen. Das Eiweiß mit dem Zucker in einer Schüssel steif schlagen und über die Äpfel geben. Den Restteig aus der Gefriertruhe nehmen und mit der Apfelreibe über den Eischnee reiben. Den Kuchen für 50–60 Minuten im Ofen backen (Stäbchenprobe).

Elisabeth Stiglmaier, Hopfenerlebnishof Stiglmaier, Attenhofen

Hopfen-Secco-Festtagscupcakes

Für ca. 10 Cupcakes:

Für den Teig:
50 g weiche Butter
100 g feiner Zucker
1 Ei
1 TL Vanilleextrakt
60 g Magerquark
60 ml Hopfen-Secco
110 g Mehl
1 TL Backpulver

Für die Creme:
125 ml Hopfen-Secco, plus
    2 TL mehr
125 g weiche Butter
150 g Puderzucker
Zuckerstreusel (nach
    Belieben)

Muffinblech mit
    10 Vertiefungen
10 Papierförmchen
Spritzbeutel

Den Backofen auf 180 °C (Ober-/Unterhitze) vorheizen. Das Muffinblech mit Förmchen auslegen.
Butter und Zucker in einer Schüssel sehr schaumig quirlen. Ei und Vanilleextrakt hinzufügen und einrühren, bis die Masse fein, luftig und cremig ist. Den Magerquark mit dem Hopfen-Secco in einer Schüssel vermengen. Mehl und Backpulver ebenfalls mischen, abwechselnd mit der Quarkmasse zum Teig sieben und alles gut vermengen. Portionsweise in die Muffinförmchen gebe und im Ofen ca. 15–20 Minuten backen (Stäbchenprobe). Abkühlen lassen.
Für die Hopfen-Secco-Creme den Sekt bei niedriger Hitze solange eindicken, bis nur noch 30 ml Flüssigkeit übrig sind. Währenddessen die Butter cremig schlagen, dabei nach und nach den Puderzucker dazusieben und unterrühren. Den eingedickten Hopfen-Secco und zusätzlich noch 2 TL Secco zugeben, bis die gesamte Masse sehr cremig ist. Dann in einen Spritzbeutel füllen und die Hopfen-Secco-Creme auf die Törtchen spritzen und nach Belieben dekorieren.

Hildegard Heindl, Holled'Auer Hopfen-Secco Manufaktur, Au in der Hallertau

Donauwellen Cupcakes

Ergibt 12 Muffins:

Für den Teig:
125 g weiche Butter
1 Pck. Vanillezucker
110 g Zucker
3 Eier
180 g Mehl
½ Pck. Backpulver
2 EL Milch
2 TL Kakaopulver
ca. 200 g Kirschen (aus
   dem Glas)

Für die Creme:
1 Pck. Puddingpulver
50 g Zucker
500 ml Milch
100 g weiche Butter
150 g Kuvertüre
1–2 EL Kokosöl

Muffinblech mit
   12 Vertiefungen
12 Papierförmchen
Spritzbeutel mit Lochtülle

Den Backofen auf 180 °C (Ober-/Unterhitze) vorheizen.

Butter mit Vanillezucker und Zucker in einer Schüssel schaumig schlagen und die Eier einzeln unterrühren. Mehl und Backpulver mischen, zu der Buttermasse sieben, langsam die Milch dazugeben und alles zu einem homogenen Teig verarbeiten. Das Muffinblech mit den Förmchen auslegen und zwei Drittel des Teigs darin verteilen. Den Kakao unter den restlichen Teig mischen, auf den hellen Teig geben und mit einer Gabel vorsichtig unterziehen. Die Kirschen darauf verteilen und leicht eindrücken. Dann im Ofen ca. 18 Minuten backen (Stäbchenprobe) und die Muffins anschließend gut auskühlen lassen.

Für die Creme den Pudding mit Zucker und der Milch in einem Topf nach Packungsanleitung zubereiten und abkühlen lassen. Dann Butter in einer Schüssel aufschlagen, den Pudding löffelweise zugeben und gut verrühren. Die Creme in einen Spritzbeutel mit Lochtülle füllen, kreisförmig auf die Muffins spritzen und 30 Minuten kalt stellen. Die Kuvertüre über einem Wasserbad schmelzen, das Öl unterrühren und die Cupcakes mit der Creme in die Schokolade tunken, bis die Haube ganz überzogen ist.

Ewa-Lotta Schlegl, Lauf

Vanille-Cupcakes mit Nugat-Topping

Ergibt 12 Muffins:

Für den Teig:
einige Tropfen
  Vanilleextrakt
200 g weiche Butter
80 g Zucker
4 Eier
200 g Mehl
1 Pck. Backpulver
1 Prise Salz

Für das Topping:
250 g Sahne
60 g Nuss-Nugat-Creme

*Muffinblech mit
  12 Vertiefungen
12 Papier- oder
  Silikonförmchen*

Den Backofen auf 180 °C (Ober-/Unterhitze) vorheizen.
Vanilleextrakt mit Butter und Zucker in einer Schüssel cremig rühren. Die Eier unterschlagen. Mehl, Backpulver und Salz mischen, über die Buttermasse sieben und vermengen.
Die Förmchen in das Muffinblech setzen, den Teig einfüllen und im Ofen auf mittlerer Schiene 20 Minuten backen. Dann die Form herausnehmen und auskühlen lassen, anschließend die Muffins herauslösen.
Für das Topping die Sahne in einer Schüssel steif schlagen und mit der Nuss-Nugat-Creme verrühren. Die Creme nach Belieben mit einem Spritzbeutel oder Löffel auf den Cupcakes verteilen.

Diana Schmidt, Erlangen

Haselnuss-Muffins

Ergibt 12 Muffins:

200 g Mehl
50 g Haselnussmehl
4 TL Backpulver
250 g gemahlene
  Haselnüsse
250 g Zucker
1 EL Vanillezucker
2 Tropfen
  Bittermandelaroma
2 Eier
150 ml Magermilch

*Muffinblech mit 12
  Vertiefungen
12 Papierförmchen*

Den Backofen auf 190 °C (Ober-/Unterhitze) vorheizen. Das Muffinblech mit Förmchen auslegen.
Mehle und Backpulver mischen, in eine Schüssel sieben und mit den gemahlenen Haselnüssen vermengen. In einer zweiten Schüssel Zucker, Vanillezucker, Bittermandelaroma, Eier und die Magermilch schaumig rühren. Zu dem Mehlgemisch geben und alle Zutaten gut verrühren. Den Teig in das mit Förmchen ausgelegte Muffinblech füllen und ca. 20 Minuten im Ofen backen (Stäbchenprobe), danach abkühlen lassen.

Tipp: Die fertigen Muffins können nach Belieben mit Puderzucker, Schokolade oder Zuckerguss überzogen werden.

Josef Neumeier, Haselnusshof Neumeier, Rudelzhausen

Getränke

Bananen-Blaubeer-Smoothie

Für 2 Personen:

2 Bananen
150 g Blaubeeren
250 g Vollmilchjoghurt
2 EL Honig
1 Pck. Vanillezucker (nach Belieben)

Die Bananen schälen und in kleine Stücke schneiden. Die Blaubeeren waschen und bei Bedarf entstielen. Bananen, Blaubeeren, Joghurt, Honig und Vanillezucker in einen Mixer geben oder mit dem Stabmixer pürieren. Das Ganze anschließend in Gläser füllen und servieren.

Tipp: Gerade im Sommer geben TK-Blaubeeren dem Smoothie eine erfrischende Kälte.

Diana Schmidt, Erlangen

Apfel-Kräuter-Limonade

Ergibt 1–1,5 l:

1 Stängel Pfefferminze
1 Ranke Gundermann
10 Blätter Giersch
1 l Apfelsaft
Mineralwasser
Zitronensaft

Küchengarn

Die Kräuter waschen und mit dem Garn zu einem Kräuterstrauß zusammenfassen. Den Apfelsaft in eine Karaffe füllen und den Strauß mindestens 3 Stunden im Apfelsaft ziehen lassen, dann entfernen. Nach Belieben mit Mineralwasser auffüllen und mit Zitronensaft abschmecken.

Tipp: Schmeckt fruchtig frisch und verwertet gleichzeitig das »Unkraut« aus dem Garten.

Andrea Bernöcker, Moar am Hof, Agatharied

Apfelzauber

Ergibt ca. 1 l:

750 ml Apfelsaft
1 Bio-Zitrone
20 ml Amaretto oder
  Calvados

Den Apfelsaft in einem Topf erhitzen. Die Zitrone heiß abwaschen und in dünne Scheiben schneiden. 250 ml heißes Wasser mit dem Apfelsaft und 3 der Zitronenscheiben mischen. Nach Belieben Amaretto oder Calvados zufügen. Dann in eine Karaffe füllen und mit den restlichen Zitronenscheiben servieren.

Hans Pirtsch, Naturlandhof Pirtsch, Pfreimd

Honiggetränk

Ergibt ca. 1,5 l:

1 l frisch gekochten
  milden Kräutertee (oder
  nach Belieben Wasser)
100 g heller Honig
  (Frühjahrsblüte)
15 ml Apfelessig
20 ml Zitronensaft
Holunderblütensirup (nach
  Belieben)
1 Bio-Zitrone

Den Tee abkühlen lassen und in einen Krug füllen. Honig, Essig und Zitronensaft zugeben und so lange rühren, bis sich der Honig vollständig aufgelöst hat. Mit 1 l kaltem Wasser aufgießen und nach Belieben mit Holunderblütensirup abschmecken. Die Zitrone heiß abwaschen und in Scheiben schneiden. Zum Getränk geben und alles bis zum Servieren kalt stellen.

Tipp: Die Zutaten für das Honiggetränk können nach Geschmack variiert werden, z. B. andere Honigsorten verwenden.

Rainer Bickel, Die Honigsammler, Wehringen

Löwenzahn-Vitamintrunk

3 Bio-Äpfel
2 Orangen (alternativ
  Pampelmusen)
ca. 100 g junge
  Löwenzahnblätter
250 g Joghurt
ca. 250 ml Apfelsaft
Honig zum Süßen (nach
  Belieben)

Die Äpfel waschen, entkernen und mit Schale in kleine Stücke schneiden. Die Orangen schälen und filetieren, dann grob zerkleinern. Den Löwenzahn waschen, trocken schütteln und in feine Stücke zupfen. Äpfel, Orangen und Löwenzahn mit dem Pürierstab zerkleinern. Den Joghurt untermischen und mit Apfelsaft auffüllen, bis das Getränk eine cremigflüssige Konsistenz hat. Erneut pürieren, nach Belieben süßen und kalt servieren.

Hannelore Hell, Wiesenbronn

Eistee vom Rhabarber

1 kg Rhabarber
30 g frischer Ingwer
1 Bio-Zitrone
250 g Zucker
4 Beutel Hagebutten-Tee
Eiswürfel und
  Zitronenmelisse zum
  Servieren
kaltes Mineralwasser
  zum Aufgießen (nach
  Belieben)

Den Rhabarber waschen, putzen und in Stücke, den Ingwer schälen und in Scheiben schneiden. Die Zitrone warm waschen, abtrocknen, die Schale fein abreiben und den Saft auspressen. Rhabarber, Ingwer, Zitronenabrieb und Zucker in einen Topf geben. Mit 1 l Wasser aufgießen und die Teebeutel einhängen. Alles aufkochen und abgedeckt bei schwacher Hitze ca. 10 Minuten köcheln. Anschließend durch ein feines Sieb passieren. Den Zitronensaft zufügen und den Tee mehrere Stunden kalt stellen.
Zum Servieren die Eiswürfel in Gläser füllen und mit dem Eistee übergießen. Nach Belieben mit gekühltem Mineralwasser verdünnen und mit Zitronenmelisse garnieren.

Gerda Hörath, Schelterhof, Wunsiedel

Aus dem Vorrat

Bircher Müsli

Für 2 Personen:

1 Vanilleschote
100 g feine Haferflocken
125 ml Milch
400 g Naturjoghurt
2 säuerliche Bio-Äpfel
   (z. B. Elstar)
2 EL Zitronensaft
90 g Mandeln oder
   Haselnusskerne
30 g Rosinen
6 EL Honig
Himbeeren, Blaubeeren
   oder Erdbeeren zum
   Servieren
Zimt zum Bestäuben (nach
   Belieben)

Die Vanilleschote längs halbieren, das Mark herausschaben und in eine Schüssel geben. Haferflocken, Milch und Joghurt zufügen. Die Äpfel waschen, vierteln und das Kerngehäuse entfernen. Den Zitronensaft in ein Schälchen füllen und die Apfelviertel hineinraspeln. 50 g Mandeln grob hacken. Alle Zutaten (bis auf die Beeren) unter die Haferflockenmasse mischen und mit Honig abschmecken. Am besten schmeckt das Bircher Müsli, wenn es über Nacht kühl gestellt wurde. 30 Minuten vor dem Servieren aus dem Kühlschrank nehmen, mit Beeren garnieren und nach Belieben mit Zimt bestäuben.

Andreas Wahl, Naturkäserei Tegernseerland, Kreuth am Tegernsee

Honig-Müsliriegel

Ergibt 1 Backblech:

100 g Butter
250 g Honig
400 g gemischte
   Nusskerne (z. B.
   Haselnüsse, Mandeln,
   Walnüsse)
30 g Leinsamen
30 g Sonnenblumenkerne
30 g Sesam
100 g Haferflocken
100 g Rosinen (nach
   Belieben)

Den Backofen auf 150 °C (Ober-/Unterhitze) vorheizen.

Butter und Honig in einem Topf kurz aufkochen. Den Nuss-Mix grob hacken. Die Leinsamen mit einem Mörser grob zerstoßen. Alle trockenen Zutaten vermischen und mit der Honigbutter in einer Schüssel verrühren. Die fertige Masse auf ein mit Backpapier ausgelegtes Backblech geben und mit einer Winkelpalette gleichmäßig verteilen. Im Ofen auf der mittleren Schiene 35 Minuten backen. Die Masse auskühlen lassen und dann in beliebig große Riegel schneiden.

Tipp: Die Honig-Müsliriegel können gut zum Tee oder Kaffee am Nachmittag gereicht werden.

Rainer Bickel, Die Honigsammler, Wehringen

Rosengelee

Ergibt 4 Gläser Gelee:

½ Zitrone
100 g unbehandelte
  Rosenblütenblätter
500 g Gelierzucker 1:1

ca. 4 Einmachgläser
(à 250 ml)

In einem Topf ½ l Wasser vorbereiten. Den Saft der Zitrone hineinpressen, die Rosenblätter zugeben und 15 Minuten aufkochen. Danach die Rosenblätter und den entstandenen Schaum durch ein feines Sieb abseihen. Den Zucker zufügen und nochmals ca. 3–4 Minuten köcheln lassen. Dann das heiße Gelee in die Einmachgläser abfüllen.

Tipp: Die Gläser können nach Belieben gestürzt werden. Das Gelee hält sich in der Speisekammer bis zu 2 Jahre.

Babette Wolf, Neumarkt in der Oberpfalz

Eingelegte Rote Bete

Für 15–17 Gläser:

30 Rote Beten
3 Zwiebeln
einige Lorbeerblätter
Kümmel, Nelken
750 ml Wasser
125 g Zucker
1 EL Salz
250 ml Essig

Die Rote Bete waschen und bissfest kochen. Anschließend schälen und in 0,5 cm dicke Scheiben schneiden. Die Zwiebeln ebenfalls in Scheiben schneiden. Rote Bete mit Zwiebelscheiben, Lorbeerblättern, Kümmel und Nelken in Schraubgläser füllen. Das Wasser aufkochen, Zucker, Salz und Essig dazugeben und über die Rüben in die Gläser gießen. Sorgfältig verschließen und im Einkochautomat 30 Minuten bei 98 °C einkochen (im Schnellkochtopf: Gläser in den Topf stellen, 250 ml Wasser dazugeben, Topf schließen; kochen lassen, bis das Ventil herauskommt). Anschließend abkühlen lassen. Die Gläser halten sich etwa 1 Jahr.

Angela Schütz, Leutkirch

Adressen

Achberghof

Achberghof 1
82390 Eberfing
Tel. 0 88 02 / 6 58
Alles rund ums Milchvieh

Allgäu-Brennerei Günther

Gewerbepark 1
87477 Sulzberg
Tel. 0 83 76 / 9 29 92 13
www.allgaeu-brennerei.de
Führungen und Verkaufsladen. Edle
    Brände, hochwertiges Zubehör
    und liebevolle Geschenkideen

Bäurle-Hof

Augsburger Str. 9
86399 Bobingen
Tel. 0 82 34 / 90 27 38
www.fischer-hof.de
Hofladen, Erlebnisbauernhof

Baumschule Plattner

Haag 4
94501 Aldersbach
Tel. 0 85 47 / 5 88
www.baumschule-plattner.de
Mit Brennerei und Onlineshop

Bayerwaldgemüse Ettl

Renften 6
94371 Rattenberg
Tel. 0 99 63 / 17 31
bayerwaldgemuese-ettl@gmx.de
Mo u. Fr 8.30–12.00 u. 17.00–18.00 Uhr,
    Mi u Sa 8.30–12.00 Uhr
Frisches Gemüse der Saison

Berghof Kinker

Ussenburg 77
87672 Rosshaupten
Tel. 0 83 67 / 10 33
www.berghof-kinker.de
Urlaub auf dem Bio-Bauernhof,
    Apfelsaft von Streuobstwiesen

Betrieb Friedrich Klingerhof

Gumpertsham 2
83308 Trostberg
Tel. 0 86 21 / 72 62
friedrich-klingerhof@t-online.de

Betrieb Götz

Fasanerie 1
86757 Wallenstein-Birkhausen
Tel. 0 90 81 / 7 90 04

Bio-Beeren vom Franz

Weg ins Bergfeld 1
83119 Obing
Tel. 0 86 24 / 24 87
www.erdbeeren-vom-franz.de
Selbsternte von Erdbeeren,
    Heidelbeeren, Himbeeren
Marktverkäufe in Traunstein,
    Traunreut, Obing

Bio-Milchziegenhof Eirenschmalz

Kirchenstr. 7
82234 Wessling
Tel. 0 81 53 / 12 89
Verkauf nach tel. Vereinbarung
Zucht von weißen deutschen Edelziegen
Bio-Milch: Selbstbedienung nach
    vorheriger Einweisung, Fleisch
    nach Vereinbarung, ab Hof

Biohof Butz

Viehhausen 2

84056 Rottenburg

0 87 81 / 33 50

www.biohof-butz.de

Hofcafé, Hofladen, Bauernhofeis
    Metzgerei, Käserei, Bäckerei

Biohof Hausberg

Haag 10

84385 Egglham

Tel. 0 85 43 / 6 37 00 30

www.biohof-hausberg.de

Bio-Rindfleisch, Bio-Weidegänse, Bio-
    Lamm vom Alpinen Steinschaf

Biohof Hefele

Bürgermeister-Hefele-Str. 16

85229 Ainhofen

Tel. 0 81 36 / 58 16

www.biohof-hefele.de

Erlebnisbauernhof, Hühnermobil

Regional, artgerecht, gesund

Biohof Kreitmair

Notzenhausen 2

84104 Rudelzhausen

Tel. 0 87 51 / 8 18 99 94

www.biohof-kreitmair.de

Erlebnisbauernhof, Gasthaus

Biohof Lecker

Niederheining 1

83410 Laufen

Tel. 0 86 82 / 95 32 24

www.biohof-lecker.de

Märkte: Unterwössen Mi 8.00–12.00 Uhr,
    Bad Reichenhall Fr 7.00–12.00 Uhr,
    Obendorf Sa 8.00–12.00 Uhr,

Traunstein Fr 9.00–16.00 Uhr

Ab Hof Fr 14.30–16.30 Uhr

Ökokiste, Onlineshop, Hofmolkerei

Boanigger Hof

Hauptstr. 19

82490 Farchant

Tel. 0 88 21 / 6 13 57

Erlebnisbauernhof, alles rund ums
    Milchvieh

Burgharthof

An der Leiten 24

85652 Ottersberg

Tel. 0 81 21 / 8 14 62

www.burghart-hof.de

Kälbinnen- (oder Färsen-)Fleisch direkt
    ab Hof nach Vorbestellung

Chiemgauhof Locking

Locking 1

83123 Amerang

Tel. 0 80 75 / 91 49 40

www.chiemgauhof-locking.de

Freilandgehegehaltung von
    Zweinutzungshuhn-Gockl und
    Schweinen

Chiemgaukorn

Weiding 3

83308 Trostberg

Tel. 0 86 21 / 80 61 33

www.chiemgaukorn.de

Hofladen Fr 14.00–18.00 Uhr

Naturprodukte und Urgetreide

Die Delikatessen-Manufaktur
Bahnhofstr. 10
92521 Schwarzenfeld
Tel. 0 94 35 / 30 12 34
www.bergler-fischer.de
Rosendelikatessen, Destillate, Liköre

Die Honigsammler
Auwiesenstrasse 23
86517 Wehringen
Tel. 0 82 34 / 90 38 39
www.die-honigsammler.de
Imkerei, Honigspezialitäten, Geschenke

Essensfreuden
Harpolden 26
84546 Egglkofen
Tel. 0 86 39 / 98 29 81 02
www.essensfreuden.de
Regionale Produkte, Feinkost,
      Onlineshop

Ferienhof Arche Alpines Steinschaf
Hart 2
83533 Edling
Tel. 0 80 39 / 9 07 21 92
www.bauernhofurlaub-wasserburg.de
Ferienwohnungen und Schafzucht

Gasthof Alter Wirt
Obermühlhausen 1
86911 Dießen-Obermühlhausen

Gasthof Wegele
Obermühlhausen 14
86911 Dießen-Obermühlhausen
Tel. 0 81 96 / 2 34
gasthof-wegele@web.de
Biergarten

Geflügelhof Pauli
Oberkashof 1
94545 Hohenau
Tel. 0 85 58 / 23 75
www.gefluegelhof-pauli.de
info@gefluegelhof-pauli.de
Geflügel auf Bestellung und ab Hof

Gemüse & Kräuter Meier
Braunsbacher Weg 5
90427 Buch
Tel. 09 11 / 38 11 35

Gisela's Kräuterstadl
Riedweg 1a
82346 Andechs-Frieding
Tel. 0 81 52 / 26 64
www.kraeuterstadl.de
Kräuterführungen, Erlebnisbauernhof

Hartmannhof
Hauptstrasse 25
89281 Altenstadt-Bergenstetten
Tel. 0 83 37 / 90 05 74
www.rothtalmilch.de
Frei von Gentechnik, eigene
      Futterproduktion, Milchautomat

Haselnusshof Neumeier
Furth 2
84104 Rudelzhausen
Tel. 0 87 51 / 10 08
www.eichhoernchen-bio.de
Täglich 8.00–19.00 Uhr
Hofführungen, Onlineshop, Haselnüsse,
      Öle, Liköre, Brände, Nudeln, Mehl

Helga's Partyschmankerl

Sommersberg 41
94259 Kirchberg im Wald
Tel. 0 99 27 / 10 87
schmankerl-ertl@gmx.de
Bäuerliche Buffets, Grillgerichte

Hofgut Sickertshofen

Sickertshofen 1
85247 Schwabhausen
Tel. 0 81 38 / 9 25 22
www.hofgut-sickertshofen.de

Hofladen Etzlberg

Etzlberg 1
86565 Gachenbach
Tel. 0 82 59 / 2 44
www.etzlberger-weidehennen.de
Mo–Sa 8.00–12.00 Uhr u. Mo, Di, Fr, Sa
        15.00–18.30 Uhr
Kartoffeln, Freilandeier, hausgemachte
        Nudeln, Mehl, Honig, Gewürze

Hofladen Jura-Geflügel

Jurastr. 8
85137 Rapperszell
Tel. 0 84 26 / 98 83 80
www.jura-gefluegel.de
Regionale Produkte, Hofladen, Eierhäusl

Hofladen Laubhart

Tegernseer Landstr. 80
82024 Taufkirchen
Tel. 0 89 / 6 12 11 41
Fr 9.00–13.00 Uhr u. 15.30–17.30 Uhr,
        Sa 9.00–13.00 Uhr
Auf Bestellung frische Freiland-Enten
        und -Gänse zu Weihnachten

Hofladen Meßner

Sommerfeldstr. 10
86529 Schrobenhausen-Linden
Tel. 0 82 52 / 21 27
www.hofladen-messner.de
Erlebnisbauernhof, Moarbauernstüberl,
        Kindergeburtstage, Hofladen,
        Rind- u. Schweinefleisch, Geflügel,
        Wurst, Aufstriche, Brot, Eier u.v.m.

Hofladen Steinhuber

Altasbach 5
94094 Rotthalmünster
Tel. 0 85 33 / 5 98
www.hofladen-steinhuber.de
Di u. Fr 10.00–16.00 Uhr
Alles für die Brotzeit, Erdbeerfelder

Hofmetzgerei Fischer

Rothenrain 158
83646 Wackersberg
Tel. 0 80 41 / 54 38
Münchner Märkte:
        Mi Mariahilfplatz 07.00–13.00 Uhr
        u. Mangfallplatz 14.00–18.00 Uhr
        Do St. Anna Platz 10.30–18.00 Uhr
        Sa Pinakothek der Moderne 07.00–
        13.00 Uhr
Tölzer Markt: Fr Fritzplatz 07.00–13.00
        Uhr
Hofladen Rothenrain: Fr 14.30–18.00 Uhr

Holled'Auer Hopfen-Secco Manufaktur

Im Bäckerfeld 1
84072 Au i. d. Hallertau
Tel. 0 87 52 / 96 55
www.hopfen-secco.de

Hopfenerlebnishof Stiglmaier

Pfarrer-Schmid-Str. 5

84091 Attenhofen

Tel. 0 87 51 / 91 76

www.hopfenfuehrung.de

Hopfenerlebnisführungen im Herzen
der Hallertau

Hopfenbäuerin – Hopfenbotschafterin –
Biersommeliere

Johannes Markt

Diepoldstr. 32

86688 Marxheim/Schweinspoint

Tel. 0 90 97 / 80 95 00

www.sanktjohannes.com

Mo, Do, Fr 7.00–18.00 Uhr, Di, Mi 7.00–
13.00 Uhr ,Sa 7.00–12.00 Uhr

Regionale Produkte, Metzgerei, Bäckerei

Kräuter & Erlebnishof Stelzl

Obergschwandt 3

94371 Rattenberg

Tel. 0 99 63 / 5 84

www.erica-herbaria.de

Erlebnisführungen und Kochkurse

Kräuteria am Kreuthof

Kreutweg 1

82178 Puchheim

Tel. 0 89 / 89 00 91 16

www.kraeuteria-puchheim.dee

Ackerbau, Kräuteria mit Hofverkauf
und Kursangeboten, Pferde-
pension, Landschaftspflege,
Christbaumverkauf zur Weih-
nachtszeit, Möglichkeit einer
Fastenwoche auf dem Hof

Kräutertreff Brigitte Zinsmeister

Dorfanger 23

85132 Schönfeld

Tel. 0 84 22 / 9 89 55

www.kraeutertreff.de

Kräuterführungen, eigene Produkte
(Essig, Likör, Sirup)

Loth Hof Laden

Biberweg 1

82541 Münsing

Tel. 0 81 77 / 87 83

www.lothhofladen.de

Mo, Di, Do, Fr 8.30–12.30 Uhr u. 14.30–
18.30 Uhr, Mi u. Sa 8.30–12.30 Uhr

Naturkost-Vollsortiment aus eigener
Herstellung: Eier, Gemüse
nach Saison, Rindersalami und
Suppenhühner (auf Vorbestellung)

Lugerhof

Oberprombach 1

93426 Roding

Tel. 0 94 61 / 91 00 62

www.holzhaus-urlaub-lugerhof.de

Der ganz besondere Urlaub in einem
Holzblockhaus. Natur pur,
Romantik pur.

Maisingerhof

Kanalstr. 6

85232 Günding

Tel. 0 81 31 / 61 63 30

www.maisingerhof.de

Milchautomat, Käse, Eier, Nudeln,
Kartoffeln, Heu und Stroh

Nachhaltige Bewirtschaftung, eigener
Futteranbau, regional erzeugt,
unbehandelte Naturprodukte

Moar am Hof

Hof 118

83734 Agatharied

Tel. 0 80 25 / 83 33

www.moar-am-hof.de

Urlaub auf dem Bauernhof, zwei
Ferienwohnungen, Vermietung
ganzjährig

Münchner Kind'l Senf

Liebigstr. 15

82256 Fürstenfeldbruck

Tel. 0 81 41 / 36 37 70

www.muenchner-kindl-senf.de

Manufaktur für feine Kost: Senf,
Saucen, Mayonnaise

Naturkäserei Tegernseerland

Reißenbichlweg 1

83708 Kreuth

Tel. 0 80 22 / 1 88 35 20

www.naturkaeserei.dee

Gastronomie, Verkaufsladen,
Führungen Schaukäserei

Naturland-Hof Pirtsch

Gartenweg 10

92536 Pfreimd

Tel. 0 96 06 / 91 42 63

www.bioobst.pirtsch.de

Bio-Obst, Saft, Steingartengewächse,
Wintergarten-Café

Pürstlinger Hofladen

Pürstling 1

84405 Dorfen

Tel. 0 80 81 / 20 28

Hofladen: Do 8.00–19.00 Uhr, Fr 8.00–
12.00 Uhr, Sa 9.00–12.00 Uhr

Eierautomat

Nudeln, Hähnchen, Suppenhühner,
Fruchtaufstriche, Hausmacher-
senf, Sirup und Säfte, Honig,
Kartoffeln, Ausgezogene
(donnerstags), Schweinefleisch,
Rindfleisch

Saliterhof

Hauptstr. 1

82205 Gilching-Geisenbrunn

Tel. 0 81 05 / 81 38

Ackerbau (Getreide, Speisekartoffeln),
Gehegewild, Streuobst,
Zuckerrüben

Schochenhof und Bio-Bauernhof

Schochenhof 28

87724 Ottobeuren

Tel. 0 83 32 / 2 80 92 98

www.schochenhof.info

Pferde, Landwirtschaft, Ferien, Freizeit

Spargelhof Kling

Beinberger Str. 15

86561 Aresing/Rettenbach

Telefon 0 82 52 / 25 21

www.spargelhof-kling.de

Täglich 8.30–19.00 Uhr (auch an Sonn-
und Feiertagen)

Spargel und Beeren, Hofbrennerei,
Gästehaus

Spargelhof Zott

Bauernstr. 2

86850 Fischach

Tel. 0 82 36 / 51 82

Verkauf ab Hof saisonal: Mo–Fr 9.00–
19.00 Uhr, Sa, So 9.00–17.00 Uhr

Gemüse, Kartoffeln, Pilze,
    Hülsenfrüchte, Spargel

Stadler-Hof

Dorfstr. 15
84106 Großgundertshausen
Tel. 0 87 54 / 91 00 20
www.stadler-hof.de
Bauernhof, Ferienwohnungen,
    Gesundheitsoase, Seminarräume

Straußenhof Chiemgau

Allerding 1
83530 Schnaitsee
Tel. 0 80 74 / 9 17 98 83
www.straussenhof-chiemgau.de
Hofführungen, Straußenfleisch und -eier

Uli v. Bocksberg Eis

Ulrichstr. 14
86502 Laugna (Bocksberg)
Tel. 0 82 72 / 6 41 04 95
www.uli-von-bocksberg.de
Eis im Hofverkauf

Url-Hof

Dorfplatz 11
94065 Waldkirchen
Tel. 0 85 81 / 18 67
Erlebnisbauernhof, Milchviehhaltung
    und Nachzucht, Bullenmast,
    Direktvermarktung

VoglHof

Sulzer Str. 4
86684 Pessenburgheim-Holzheim
Tel. 0 82 76 / 51 94 01
www.voglhof.de
Paartaler Landschweine, Holzofenbrot

Wallner's Bioputen

Goppertshofen 5
85241 Hebertshausen
Tel. 0 81 31 / 7 92 12
www. wallners-bioputen .de
Bio-Fleisch, Bio-Wurst, Schinken-
    spezialitäten und Gewürztes

Wilde Sachen

Sonnenstr. 6
92726 Waidhaus
Tel. 01 71 / 8 28 47 29
Fleisch vom Wild, Verkauf nach
    Vereinbarung

Wirtshaus Gläßl im Gut

Göpfersgrün 2
95632 Wunsiedel
Tel. 0 92 32 / 91 77 67
www.wirtshausimgut.de
Wirtsstube, Gewölbezimmer, Galerie

Rezeptregister

Weitere kulinarische Entdeckungen von ars vivendi

Barbara Dicker & Hans Kurz
Das Bier-Kochbuch
200 Rezepte rund um den
Gerstensaft
Klappenbroschur, 224 Seiten
ISBN 978-3-86913-104-7

Barbara Dicker & Hans Kurz
Das Schnaps-Kochbuch
150 geistreiche Rezepte mit
Likören, Edelbränden und anderen
Spirituosen
Klappenbroschur, 224 Seiten
ISBN 978-3-86913-120-7

Barbara Dicker & Hans Kurz
Das Wein-Kochbuch
150 Rezepte rund um den
Rebensaft
Klappenbroschur, 176 Seiten
ISBN 978-3-86913-280-8

Barbara Dicker & Hans Kurz
Bier-Grillen
100 Rezepte rund um Grill und
Gerstensaft
Klappenbroschur, 184 Seiten
ISBN 978-3-86913-618-9

Marion Reinhardt
**Fränkisch kochen mit wilden
Kräutern**
80 saisonale Rezepte
Hardcover, 215 Seiten
ISBN 978-3-86913-761-2

Marianne J. Voelk
Franken Vegetarisch
Das Knoblauchsland-Kochbuch
Hardcover, 144 Seiten
ISBN 978-3-86913-619-6